LES GUADELOUPEENS ET LE DEVELOPPEMENT DU TOURISME

Couverture : Plage de Port-Louis (cliché : Liliane LARROQUE-CHOUNET)

CENADOM : Centre National de Documentation des Départements
et Territoires d'Outre-Mer

© CENADOM 1989
Dépôt légal : 2ème trimestre 1989
ISBN : 2-907916-00-9

Liliane LARROQUE-CHOUNET

LES GUADELOUPEENS ET LE DEVELOPPEMENT DU TOURISME

CENADOM
Maison des Sciences de l'Homme d'Aquitaine
Domaine Universitaire - 33405 TALENCE CEDEX

Réalisation technique

Composition : Marie-Claude LASSERRE-LONGUEVILLE
Cartographie : Liliane LARROQUE-CHOUNET
Montage des figures : Jacky SUIRE
Photogravure : Jean-Pierre VIDAL (Centre d'Etudes de Géographie Tropicale)

AVANT-PROPOS

Les différents séjours effectués en Guadeloupe que cette recherche ont entraînés sont l'histoire d'un véritable attachement pour ces îles si attirantes par la beauté, la diversité de leurs paysages et surtout l'accueil chaleureux de leurs habitants. Nous avons pu ainsi observer les changements intervenus depuis le début des années 1970, ainsi que l'ouverture progressive au monde extérieur de ces îles autrefois ignorées.

Ce travail de recherche nous le devons, tout d'abord, au professeur G. LASSERRE qui nous a orientée vers ce sujet et qui a bien voulu accepter de diriger notre thèse. En plus de ses encouragements et de ses conseils précieux, il a su nous donner l'envie de mieux connaître ces îles, il nous a aussi parlé avec enthousiasme des débuts du tourisme, des personnalités qui se sont lancées dans cette aventure. Nous exprimons aussi notre gratitude au professeur SINGARAVELOU directeur du Centre d'Etudes de Géographie Tropicale (CEGET), qui nous a fait découvrir la Guadeloupe, qui a facilité nos premiers contacts avec les habitants et qui nous a toujours encouragée.

Le travail d'enquête sur le terrain n'a pu être réalisé qu'avec le concours et la participation des responsables locaux, des habitants que nous remercions vivement. Il n'est pas possible de citer tous les noms de ceux qui ont accepté de nous fournir les informations, de répondre à nos questions, de ceux qui nous ont parlé si ouvertement en nous donnant leurs sentiments personnels.

Nous pensons à M. Roger FORTUNE, l'une des figures marquantes du tourisme, qui nous a retracé la phase pionnière de ce phénomène.

Nous avons reçu l'aide des divers services administratifs (INSEE, Office National des Forêts, D.D.A., Préfecture...) des chambres consulaires (Chambre de Métiers, Chambre de Commerce et d'Industrie de Pointe-à-Pitre, notamment des responsables du service tourisme, M. ARNOUX, puis M. D. LARIVE).

Nous remercions le personnel de l'Office du Tourisme de Guadeloupe, en particulier son directeur M. E. ROTIN qui nous a donné toutes les informations nécessaires et qui a facilité notre travail, ainsi que M. MATHIAS-MATHIASIN qui nous a fait part des activités de l'Agence Guadeloupéenne de l'Environnement, du Tourisme et des Loisirs (A.G.E.T.L.), les responsables des syndicats d'initiative et plus spécialement Mlle Elise MAGRAS, dont les informations sur Saint-Barthélemy ont été précieuses et qui nous a accueillie avec tant de sympathie, et M. Lou PETERS à Saint-Martin.

Nous exprimons notre reconnaissance à toutes les personnalités guadeloupéennes, les élus des différents partis politiques, les maires des communes, en particulier MM. BERNIER, HELENE, IBENE, les membres du Conseil Régional et du Conseil Général. Nous remercions également les responsables des musées, notamment Mme TERCEN (conservateur du musée Saint-John Perse), les journalistes de la presse écrite et de la télévision, en particulier M. GERVAIS.

Le concours des professionnels du tourisme a été essentiel : les responsables des syndicats professionnels, les gérants et propriétaires d'hôtels, (M. MORMON, S. HELENE, Mme PRUDENCE, M. PETRELLUZZI à Saint-Martin...), les directeurs de compagnies aériennes (dont Mme ADDENNEBI, directeur commercial d'Air-Guadeloupe), les agents de voyages (Navitour, Marie-Gabrielle, Jet Tour, Agence Petrelluzzi, notamment M. SIDAMBARON), les responsables de l'Association des Gîtes ruraux (Mme LAUTRIC puis Mme ZADIA), de l'Association des Villas et Meublés (Mme KHELI) ; les chauffeurs de taxis, les restaurateurs, les commerçants, les artisans, les pêcheurs...

Nous avons reçu un accueil chaleureux dans les associations culturelles et de loisirs, en particulier à la Fédération des Oeuvres Laïques, à la Maison de la Culture et à la M.J.C. de Pointe-à-Pitre.

Dans chaque bourg, les habitants que nous avons rencontrés nous ont parlé avec beaucoup de sincérité de leur pays et des changements qui sont intervenus.

Enfin nous remercions tout particulièrement le directeur du CENADOM, M. Jacques MENAUGE qui nous a beaucoup aidée dans la conception et la réalisation définitives de cet ouvrage, ainsi que Mme Marie-Claude LASSERRE-LONGUEVILLE qui a assuré la composition de l'ouvrage. Nos remerciements vont aussi à l'équipe du CEGET, dont Mme Guilène REAUD-THOMAS qui nous a aidée pour les travaux de cartographie, M. Jean-Pierre VIDAL qui a effectué les travaux de photographie et Mlle Odile CHAPUIS et à la Maison des Sciences de l'Homme d'Aquitaine.

Liliane LARROQUE-CHOUNET

INTRODUCTION

Située au milieu de l'arc Antillais, entre l'océan Atlantique tropical et la mer des Caraïbes, la Guadeloupe est un archipel de 1 705 km2 et 333 275 habitants en 1987 ; il est formé d'un "continent" et de "dépendances". Le continent guadeloupéen se compose de la Guadeloupe proprement dite, île montagneuse (848 km2, 135 341 habitants en 1982) communément appelée Basse-Terre, et d'une île vallonnée, la Grande-Terre (590 km2, 163 668 habitants en 1982), ces deux îles étant séparées par le chenal de la Rivière Salée. Visibles depuis le continent les "dépendances proches" comprennent : au sud le petit archipel des Saintes (13 km2) composé essentiellement de Terre-de-Haut (1 474 habitants) et de Terre-de-Bas (1 427 habitants), et l'île de Marie-Galante (53 km2, 13 757 habitants) ; à l'est la Désirade (20 km2, 1 602 habitants). A deux cents kilomètres au nord, se situent les "dépendances lointaines" : Saint-Martin (53 km2, 8 072 habitants) et Saint-Barthélemy (21 km2, 3 059 habitants). La moitié sud de l'île de Saint-Martin est néerlandaise. Le milieu naturel de ces îles est très varié. La Basse-Terre volcanique présente à l'est une "côte au vent" très arrosée, couverte d'une forêt luxuriante de type équatorial, à l'ouest une "côte sous le vent" abritée des pluies. La Grande-Terre est une île calcaire à végétation riche. L'ensemble des îles de l'archipel offre de nombreuses plages de sable blanc. Seules les plages de la Basse-Terre sont formées de sable volcanique noir. La mer qui baigne ces îles, souvent calme, permet durant toute l'année la pratique des sports nautiques. Le climat tropical de l'île, qui comporte une saison sèche ou "carême" de décembre à mai et une saison des pluies ou "hivernage", est constamment chaud (température moyenne annuelle voisine de 25° C) mais il est agréablement ventilé par l'alizé.

La grande diversité de ce milieu, les paysages variés, le climat tropical, donnent à l'île d'importants atouts touristiques. Cette forte vocation a été exploitée pour des raisons économiques et sociales. En effet, au cours des années soixante et soixante dix la Guadeloupe a connu une double mutation économique. Le système traditionnel, basé sur l'agriculture, activité encore essentielle au début des années 1960 où elle assurait 95 % des exportations et employait un tiers de la population active, a traversé une crise qui s'est aggravée durant les années 1970. La culture de la canne à sucre, héritage du passé colonial, qui a été longtemps le fondement de l'agriculture, était en pleine récession malgré les différentes mesures mises en place pour la soutenir. Sa production, après avoir connu une croissance extraordinaire jusqu'au milieu des années 1960 où elle avait atteint son apogée, déclinait puis s'affaissait inexorablement : de 1,8 million de tonnes en 1972 elle tombait à 1 million de tonnes en 1976-1980, pour chuter à moins de 500 000 tonnes en 1984. Aujourd'hui, la Guadeloupe n'atteint pas le quota autorisé par la réglementation européenne. La production de la banane, par contre, n'a cessé de croître depuis 1930. Elle est devenue la première culture d'exportation de l'île. Mais à partir des années 1970, elle a plafonné et n'a pas couvert le quota qui lui était réservé sur le marché métropolitain. Les récoltes sont irrégulières, souvent menacées par les intempéries et notamment les cyclones. Les cultures vivrières, maraîchères, fruitières, l'élevage et la pêche, malgré tous les efforts de développement entrepris ne satisfont pas la consommation locale, qui a fortement augmenté avec l'élévation du niveau de vie, et qui s'est orientée vers une occidentalisation des régimes alimentaires. Malgré le soutien massif de l'Etat, le secteur primaire s'est effondré, sa part dans le Produit Intérieur Brut est passée de 30 % en 1960 à 13,1 % en 1974, à 9,7 % en 1982 !

Le secteur secondaire, en dépit de toutes les mesures d'aide à l'investissement et à la création d'emplois, n'a pas progressé dans l'ensemble de façon significative : sa part dans le Produit Intérieur Brut était de 10 % en 1960, 15,8 % en 1974 et 10 % seulement en 1982 ! A cette date l'industrie et l'artisanat ne fournissaient que 18,5 % des emplois à la population active. Ce secteur repose sur les industries agricoles et surtout sur l'industrie du bâtiment et des travaux publics largement soutenue par les commandes de l'Etat destinées à l'amélioration de l'équipement de l'archipel.

Par contre, le secteur tertiaire n'a cessé de progresser. Sa part dans le Produit Intérieur Brut est passée de 60 % en 1960, à 70 % en 1970, puis à 80,5 % en 1982 ! Il fournit à cette dernière date 62 % des emplois à la population active. Cette vitalité s'explique principalement par l'importance des transferts des fonds publics dont bénéficient largement les commerces et les services privés qui ont enregistré une forte croissance. Le poids de l'administration est considérable par la masse des revenus qu'elle injecte dans l'économie : les traitements des fonctionnaires sont majorés de 40 % par rapport à ceux de la métropole et leur nombre est fort élevé, plus de 12 000 en 1982, soit 20 % des emplois de ce secteur.

Le taux de couverture des importations par les exportations a fortement diminué. Il est passé de 29,5 % en 1970 à 9 % en 1987 !

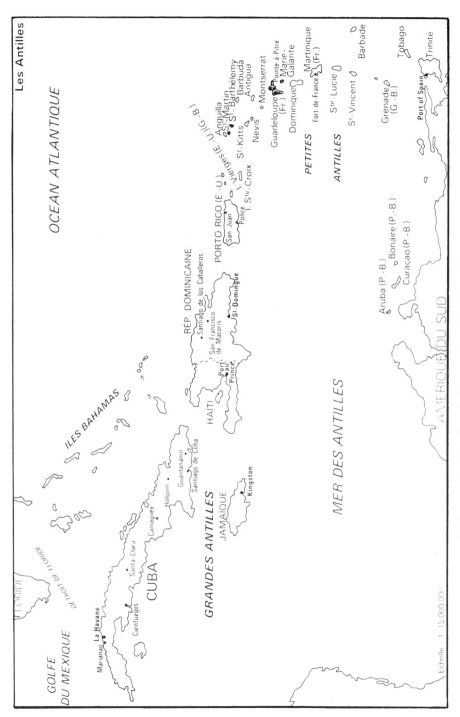

FIGURE 1 - La Guadeloupe dans la Caraïbe

Ainsi l'économie guadeloupéenne, dont le développement est dû essentiellement à l'accroissement des dépenses publiques, alors que les secteurs productifs (agriculture et industrie) déclinent, s'effondrent ou stagnent, est de plus en plus assistée et dépendante de la Métropole.

Ces changements ont eu des répercussions sur la population. Le secteur primaire a perdu en 15 ans, entre 1967 et 1982, plus de 20 000 emplois. L'industrie et l'artisanat qui occupent en 1982, 17 000 personnes ont perdu 1 800 emplois depuis 1974. La disparition de ces emplois a principalement touché la population masculine et les communes rurales. Au contraire, il y a eu des créations d'emplois dans le secteur des services publics et privés et des commerces : 12 000 entre 1974 et 1982 portant à 58 000 le nombre de personnes travaillant dans ce secteur.

La situation de l'emploi s'est dégradée sous le double effet de la crise économique et de la poussée démographique. Jusqu'au milieu des années soixante, la Guadeloupe a connu une forte augmentation de population, qui par la suite a été suivie d'un net ralentissement. Le taux d'accroissement naturel s'est maintenu à plus de 3 % entre 1956 et 1962, date à laquelle il a atteint son maximum avec 3,1 % ! Il était lié à un taux de natalité élevé (jusqu'en 1966 il se tenait aux alentours de 3,5 %) alors que le taux de mortalité avait connu une forte baisse. Aussi beaucoup de jeunes sont arrivés sur le marché de l'emploi durant cette période. Les recensements de 1967 et 1974 relevaient 20 000 chômeurs, celui de 1982 : 22 000, mais ces chiffres ont été amortis par la forte migration des jeunes vers la métropole. En fait, ils ne révèlent pas la véritable dimension du chômage, car ils ne prennent pas en compte le sous-emploi, très élevé en Guadeloupe. Selon un rapport du Sénat, en 1980, 50 000 Guadeloupéens seraient affectés soit par le sous-emploi soit par le chômage ce qui représenterait la moitié de la population active.

La migration des Guadeloupéens a pris une ampleur considérable à partir des années 1960. Elle a été organisée et aidée par le BUMIDOM (Bureau pour les Migrations intéressant les Départements d'Outre-Mer) devenu ANT (Agence Nationale pour l'Insertion des Travailleurs d'Outre-Mer), pour faire face aux problèmes du chômage et de la pression démographique.

Ces changements économiques, qui se sont accompagnés d'un développement de l'urbanisation, ont contribué à accroître le déséquilibre de la répartition de la population dans l'archipel. Entre les recensements de 1967 et 1982 ce sont les communes de l'agglomération pointoise qui ont enregistré les plus fortes augmentations de population : les Abymes (+ 16 250), Baie-Mahault (+ 3 077), Petit-Bourg (+ 2 736), Le Gosier (+ 2 361), Sainte-Rose (+ 675), ainsi que les communes touristiques : Sainte-Anne (+ 391), Saint-François (+ 1 183), Saint-Martin (+ 3 011) et Saint-Barthélémy (+ 708). A l'opposé, les autres communes essentiellement rurales ainsi que Basse-Terre la capitale administrative, ont vu leur population décroître plus ou moins fortement. Le dynamisme démographique de Saint-François, Sainte-Anne, Le Gosier, et des îles du Nord (Saint-Martin et Saint-Barthélémy) dont les populations se sont accrues respectivement de 20,4 %, 3,9 %, 18,5 %, 59,2 % et 30,5 %, est de toute évidence le fruit du développement du tourisme qui, en créant des emplois et des activités, a attiré de nouveaux habitants.

C'est dans ce contexte de crise et de profondes mutations économiques que le tourisme s'est mis en place. La Guadeloupe a en effet connu une formidable expansion du tourisme au cours de ces deux dernières décennies : l'afflux massif de touristes étrangers, la création et le développement d'équipements et d'activités touristiques, survenus dans un temps bref et dans un milieu de petites îles restées longtemps protégées ont provoqué des bouleversements qui n'ont pas laissé les habitants indifférents. Les réactions des Guadeloupéens et leurs réponses à ce phénomène nouveau sont complexes et originales à cause du poids de l'histoire qui marque cette société pluri-ethnique. Avant l'arrivée de Christophe Colomb, l'île était peuplée d'Amérindiens qui avaient supplanté les Arawaks. Les premiers colons étaient des "Petits Blancs" venus de France. Le développement de la culture de la canne à sucre s'est fait par appel massif aux esclaves noirs amenés d'Afrique dans le cadre du commerce triangulaire. Cette population, composée de Noirs et de Blancs, grands propriétaires, commerçants ou soldats, a donné lieu à un important métissage. Après l'abolition de l'esclavage en 1848, une main-d'œuvre d'origine indienne fut introduite en Guadeloupe. Par la suite sont venus s'installer d'autres Blancs, des "Syro-Libanais", surtout dans les villes de Pointe-à-Pitre et de Basse-Terre, et, à partir de la départementalisation, des Métropolitains, fonctionnaires, ou hommes d'affaires. Aujourd'hui la société guadeloupéenne, résultat de ces peuplements successifs est très diverse. Comment a-t-elle réagi au phénomène venu d'autres sociétés, le tourisme ?

LES PROMOTEURS DU DEVELOPPEMENT TOURISTIQUE

Des pionniers lancent le tourisme

Plusieurs personnalités, dès le début du siècle, se sont passionnées pour le développement du tourisme en Guadeloupe. Elles ont fondé des associations, des organisations, ont réalisé les premières infrastructures touristiques dans l'île. Si dans un premier temps elles se sont orientées vers le tourisme intérieur basé sur la découverte de la montagne, progressivement elles se sont tournées vers l'accueil des touristes étrangers de séjour ou de croisière, alors que les îles de la Caraïbe connaissaient déjà un véritable essor touristique.

Des montagnards découvrent la Guadeloupe

C'est à la fin du siècle dernier que commence véritablement la découverte de la montagne en Guadeloupe : ses paysages, sa végétation, ses températures agréables attirent quelques habitants. Dès 1899, M. Feuillet, directeur de l'Intérieur, crée la première organisation touristique de l'île, la "Section Guadeloupéenne du Club Alpin", qui propose la découverte du massif montagneux. Ceci correspond à la période de la découverte de la montagne en Europe, à la fondation du Club Alpin français, du Touring-Club de France. Cette association a été rapidement relayée par le "Club des Montagnards". L'éruption de la Montagne Pelée en Martinique le 8 mai 1902, avec son triste bilan, la destruction de Saint-Pierre et 30 000 morts, a provoqué en Guadeloupe une vive émotion et éveillé la curiosité de la

Planche 1

L'attrait de la Soufrière au début du siècle

Hôtel Dolé-les-Bains

population au phénomène volcanique. Camille Thionville, un Guadeloupéen, chef du service de l'Enregistrement, fonde alors le "Club des Montagnards". Il est considéré en Guadeloupe comme l'un des créateurs du tourisme :

> «Camille Thionville est partout, à la Soufrière, à la Citerne, au Houëlmont, aux Deux-Mamelles, il observe, il constate, il vérifie, fait des rapports, et par sa dialectique superbe réussit à inculquer la "loi du mouvement" à 156 notables. Le Club des Montagnards est créé ... Son club est sa raison d'être... (1) ».

Limitée au départ à la surveillance de la Soufrière, l'activité de ce club s'est rapidement étendue à la découverte du massif montagneux. Camille Thionville s'est aussi intéressé au développement du tourisme dans l'île : en 1935 il a publié un guide, *La Guadeloupe touristique*, dans lequel il qualifie le tourisme de "trésor" et de "pétrole".

Durant la première guerre mondiale un médecin militaire, le docteur René Pichon, crée la "Guadeloupéenne" (Société d'Etudes, d'Initiatives et de Propagande pour le Développement Touristique), dans un esprit proche de celui du Touring-Club de France. Cette société est à l'origine de l'exploitation des sources thermales de Dolé en Basse-Terre, et de la construction du premier hôtel situé à Gourbeyre. Le gouverneur Félix Eboué, à l'occasion du tricentenaire du rattachement de la Guadeloupe à la France en 1935, lance plusieurs projets hôteliers. Il impose la construction de "l'hôtel Royal" sur les ruines de l'ancien bâtiment du gouverneur à Basse-Terre vendu à ce moment-là aux enchères. Cet hôtel, dont les propriétaires sont des personnalités locales, MM. de Ménard et Diligenti, accueille la clientèle de l'époque qui correspondait à celle du Touring-Club. Au cours de cette période la Chambre de Commerce et d'Industrie de Pointe-à-Pitre crée le premier restaurant touristique de l'île, "La Pergola", au Gosier. Les autres projets hôteliers n'ont cependant pas abouti. C'est Félix Eboué qui a mis en place le premier "Bureau d'accueil et d'information" destiné aux touristes de croisière qui venaient faire escale à Pointe-à-Pitre ou à Basse-Terre. Ce bureau éditait des bulletins d'information, des albums photographiques.

Dans les années 1940, *La Revue Guadeloupéenne* fait paraître plusieurs articles intitulés "Tourisme". Il s'agit le plus souvent des compte-rendus d'expéditions réalisées à partir des "traces" ouvertes par le Club des Montagnards ou quelques militaires. Ces articles donnent une idée du tourisme pratiqué à l'époque ; c'est ainsi que M. Duvergé, chef du service de la météorologie, écrivait en 1945 (2) :

> «Les sources du Galion voient défiler des quantités de visiteurs telles qu'à certains jours, il faut faire la queue pour se baigner, le sommet de la Soufrière est déjà beaucoup moins fréquenté, quant aux autres pistes elles sont réservées à une poignée d'audacieux. Enfin dès qu'il s'agit de sortir des sentiers battus et de s'ouvrir, coutelas en main, des traces nouvelles, il n'y a plus personne, le

---
(1) M. BALDERIC— "Camille Thionville, pionnier du tourisme". *La Revue Guadeloupéenne*, n° 19, janvier-février 1949, p. 6.
(2) M. DUVERGE— "Dans la montagne guadeloupéenne". *La Revue Guadeloupéenne*, n° 13, mars 1945, pp. 309-312.

souvenir des rares héros qui ont osé le faire entre en peu d'années dans le domaine de la légende».

Selon cet auteur, ces quelques montagnards chevronnés ont l'esprit de vrais alpinistes :

«bref, la montagne guadeloupéenne est ce que l'on nomme en argot d'alpiniste de la montagne à vache».

Ils dénoncent l'insuffisance des équipements, leur mauvais entretien et regrettent le manque de cartes précises. On peut lire dans l'article cité :

«Il y a trop peu de pistes et elles sont en mauvais état, trop peu de refuges, l'abondon et la vandalisation n'ont laissé subsister que trois abris : celui des Bains-Jaunes est en mauvais état par la faute des usagers qui l'ont dégradé, celui du sommet de la Soufrière qui tient lieu plus de casemate bétonnée et de la porcherie que du refuge ; l'ajoupa Moynac est assez bien construit... Les croquis méritoires édités par le Club des Montagnards sont tout de même trop insuffisants, la toponymie n'est même pas fixée, et certains auteurs se sont complus à débaptiser certains sommets pour leur donner le nom de leur ami...».

Ils déplorent le manque de guides et citent en exemple le travail réalisé par le Club Alpin en France. Pour eux il s'avère aussi nécessaire de mener une action en direction du public :

«Il faut l'éduquer, lui apprendre à s'équiper, à préparer une course, à choisir un itinéraire, à respecter l'aménagement de la montagne ... car si ce sport est difficile il est aussi enthousiasmant et il devrait en conséquence attirer la jeunesse guadeloupéenne victime, de préjugés, de légendes anciennes qui leur laissent croire que la montagne est un lieu dangereux».

Ils voudraient apporter un démenti à ces croyances.

Ainsi le tourisme a débuté en Guadeloupe avec la découverte de la montagne par un petit cercle de gens passionnés, curieux et enthousiastes.

Des Guadeloupéens souhaitent le développement du tourisme dans les Caraïbes.

Après la deuxième guerre mondiale et la départementalisation, quelques Guadeloupéens se lancent dans le développement d'un tourisme conçu alors sur l'ensemble de la Caraïbe. Des délégués guadeloupéens participent aux différentes rencontres organisées dans le cadre d'une nouvelle association à vocation régionale : la "Conférence des Indes Occidentales". C'est Rémy Nainsouta qui assiste à la première session organisée à Saint-Thomas en février 1946 ; Félix Soulier en fait paraître un compte-rendu dans la *Revue Guadeloupéenne* de juillet-août 1946 [3]. Dans cet article l'auteur informe les lecteurs des projets élaborés et tente de les convaincre de la nécessité de mettre en place une organisation touristique régionale à laquelle la Guadeloupe devrait appartenir :

---

(3) F. SOULIER— "Tourisme : utilité d'une organisation régionale du tourisme dans l'archipel caraïbe". *La Revue Guadeloupéenne*, n° 7, juillet-août 1946, pp. 9-11.

> «Les préoccupations des membres de la Conférence des Indes Occidentales visant à l'instauration de mesures propres à développer l'industrie du tourisme sont dominées par cette idée que la région caraïbe forme un tout, cette région étant considérée comme une entité».

Félix Soulier qui avait déjà rédigé les statuts du syndicat d'initiative de la Guadeloupe avec l'aide de quelques amis souhaitait affilier ce syndicat à une organisation internationale qui serait créée à l'échelle de la Caraïbe, et pour laquelle il envisage les actions suivantes [3] :

> «Une coopération des territoires en matière de publicité, agences de voyages, des arrangements avec les compagnies de navigation... L'organisation régionale pourrait tenter une coordination pour attirer les touristes, les informer sur les activités extérieures, trouver des capitaux, étudier les règlements de douanes et de navigation».

La deuxième session de la Conférence des Indes Occidentales qui s'est tenue à New-York la même année, a de nouveau recommandé la création d'une "Association pour le développement du tourisme dans les Caraïbes", dont le budget pourrait être approvisionné par chaque pays. En outre, les membres de cette commission ont manifesté la volonté de développer un tourisme dont la population profiterait [4] :

> «La population doit bénéficier des aménagements à objectifs touristiques et y avoir accès dans la plus large mesure».

L'intérêt de ce projet était tel que le Conseil Général de la Guadeloupe avait déjà voté une participation pour cette opération alors que l'organisation n'était pas encore créée.

La troisième session s'est déroulée à Basse-Terre du 1er au 14 décembre 1948 dont le compte-rendu a été publié dans *La Revue Guadeloupéenne* en 1949 [4]. Au cours de cette rencontre le projet de création de l'association touristique caraïbe, qui n'avait pas encore vu le jour, a été reconduit ; d'autres idées ont été proposées, notamment la liberté des transports maritimes et aériens à l'intérieur des Caraïbes. Le choix de Basse-Terre comme lieu de déroulement de cette Conférence traduit bien l'implication des Guadeloupéens dans la promotion du tourisme guadeloupéen et caribéen. En effet, ces bâtisseurs du tourisme sont convaincus des potentialités touristiques de l'île et sont conscients de son retard par rapport aux autres îles dans le domaine de l'équipement. Rémy Nainsouta n'écrivait-il dès 1946 dans *La Revue Guadeloupéenne* [5]

> «La Guadeloupe était parmi les îles les plus pittoresques mais manquait de possibilités d'accueil».

Et il ajoutait :

> «Mais le tourisme ne sera pas seulement intéressant du point de vue de l'afflux des visiteurs étrangers, il le sera au moins autant comme facteur stimulant des relations internes, et du progrès social dans le milieu caribéen»

---
(4) "La 3e Conférence des Indes Occidentales vue de Trinidad". *La Revue Guadeloupéenne*, n° 19, janvier-février 1949.
(5) R. NAINSOUTA : "Les Antilles et le tourisme". *La Revue Guadeloupéenne*, n° 7, juillet-août 1946, pp. 7-8.

Planche 2

Les Bains-Jaunes (Source : *Musée Saint-John Perse*)

Type d'hébergement touristique dans les années 1950 : une "Pergolette"
(Source : *M. Petreluzzi*)

Dans cette même revue, Félix Soulier complétait ce point de vue :

«Les effets sociaux et moraux du tourisme sont considérables, ils contribueront efficacement à l'évolution des populations trop souvent attardées parce que confinées dans des îles ayant la plupart du temps l'allure de cantons isolés, quelquefois seulement de provinces éloignées. Le tourisme caribéen donnera aux habitants précisément la faculté de voyager, de prendre contact avec leurs voisins, de créer des relations utiles».

Il poursuivait en démontrant l'intérêt économique de "l'industrie touristique" à travers les sommes dépensées par les touristes américains dans les autres îles de la Caraïbe. Ces pionniers avaient une vision enthousiaste et humaniste du tourisme qu'ils concevaient comme un moyen de rapprochement entre les îles et une ouverture des habitants sur le monde antillais.

C'est à cette époque qu'ont eu lieu les premières réalisations. Le Syndicat d'Initiative de la Guadeloupe a été créé sous l'impulsion de plusieurs personnalités, MM. Félix Soulier, Chartol, Nainsouta, Bétanger... qui formèrent rapidement des commissions d'études et de travail sur les thèmes suivants : l'artisanat, le thermalisme, l'équipement hôtelier, le tourisme populaire... Deux offices du tourisme sont alors implantés, l'un à l'aéroport du Raizet, l'autre à proximité du port de Pointe-à-Pitre. Ils obtiennent alors des soutiens à leurs projets. L'administration locale accepte de collaborer et propose les équipements nécessaires en eau, électricité, téléphone... Le Conseil Général de la Guadeloupe, sous l'impulsion de MM. Naintousa, Fortuné, Pita, appuie ces projets. La Chambre de Commerce et d'Industrie de Pointe-à-Pitre sous l'action des frères Petrelluzzi crée des commissions d'études sur le tourisme. Déjà plusieurs professionnels souhaitent investir dans cette activité et les premières constructions démarrent : M. Diligenti construit le "Grand-Hôtel" de Pointe-à-Pitre, M. Petrelluzzi achète et agrandit le restaurant "La Pergola" à Gosier puis bâtit à proximité des bungalows, les "Pergolettes" ; M. Fabre rachète la "Vieille Tour" au Gosier qu'il transforme en hôtel-restaurant de caractère autour de l'ancienne distillerie. Des agences de voyages et des compagnies de navigation s'installent en Guadeloupe. Au début des années 1950 plusieurs personnes se lancent dans le tourisme comme MM. Sidambarron, Fortuné, Petrelluzzi, Lacascade, Belon, Boutarel... La presse locale et en particulier *Le Novelliste, Clartés, La Revue Guadeloupéenne* appuient les efforts de ces pionniers. *La Revue Guadeloupéenne* édite en 1959 un numéro spécial "Tourisme". La radio s'intéresse aussi à cette question : un sketch radiophonique, réalisé par Mme Jacqueline Baudrier, présente sur un ton humoristique, les charmes et le pittoresque de l'île à travers sa découverte par un touriste imaginaire [6].

Ainsi à la fin des années cinquante, un groupe de pionniers a réussi à faire reconnaître le tourisme comme une activité possible et nécessaire en Guadeloupe. Pourtant, conscients de la situation (l'île ne possède pas encore les infrastructures d'accueil nécessaires pour accueillir des vacanciers) ils

---

[6] J. BAUDRIER : "Propos sur le tourisme" : sketch radiophonique. *La Revue Guadeloupéenne*, n° 18.

demandent le concours de l'Etat pour le développement de cette activité. L'appui des Pouvoirs Publics, et notamment de l'Etat, va se traduire avec force dans les plans d'équipement successifs.

LES POLITIQUES TOURISTIQUES

Le développement du tourisme a été marqué par deux grandes formes de politique qui se sont succédé dans le temps et dont les réalisations dans l'espace traduisent bien leurs différences.

Un tourisme de luxe
L'évolution des conceptions touristiques

Du début des années 1960 à la fin des années 1970, s'affirme une politique touristique basée sur la construction de grands hôtels, puis la réalisation d'une "riviera" dont les objectifs essentiels sont d'ordre économique. Les grandes orientations de cette politique, largement impulsée par les pouvoirs publics sont contenus dans les différents "Plans".

La période 1956-1970

Dans une première étape, au cours des IIIe, IVe, Ve Plans (1956-1970), le tourisme qui s'impose progressivement comme voie de développement économique se traduit par la construction de grands hôtels de luxe.

Dans le IIIe Plan (1956-1960), le tourisme est présenté comme un secteur nouveau à encourager pour diversifier l'économie, créer des emplois, apporter des devises. Une société sous tutelle ministérielle, la S.I.T.O. (Société Immobilière et Touristique d'Outre-Mer), a été créée en 1956 pour l'ensemble des Départements d'Outre-Mer. Ses objectifs et ses projets restaient très généraux.

Le IVe Plan (1961-1965) propose des actions plus précises centrées sur la construction d'hôtels de luxe : 500 chambres d'hôtels étaient prévues ainsi que l'amélioration des infrastructures d'équipement. Des mesures d'encouragement aux investissements hôteliers étaient définies et la formation du personnel était envisagée. La réalisation de ce programme fut confiée à la S.I.T.O. et à l'Office du Tourisme créé en 1960. Le financement était assuré par des fonds publics.

Le Ve Plan (1966-1970) après avoir dressé un bilan des résultats du plan précédent jugés plutôt insuffisants, proposait un renforcement des actions et des moyens nécessaires à leurs réalisations. Désormais le tourisme apparaissait comme une activité économique valable et d'avenir. Selon le rapport officiel :

> «Le tourisme est une activité économique incontestable génératrice d'emplois et de revenus. Cette nouvelle activité pourrait devenir à la fin du Plan, une des bases principales de l'économie».

Le développement du tourisme reste basé sur la construction hôtelière (1 000 chambres nouvelles d'hôtel sont prévues) mais l'on s'oriente désormais vers la création d'une "Riviera" où seraient concentrés les équipements touristiques. Diverses infrastructures de loisirs : casino, port de plaisance sont envisagées. Le regroupement des équipements a pour but de rentabiliser les investissements et d'éviter les problèmes d'isolement dont les trois premiers grands hôtels souffraient. Ce programme s'accompagne d'une politique d'acquisition des terrains. La réalisation de ces projets, selon le modèle de la société d'aménagement mise en place en Languedoc-Roussillon, est confiée à la "Mission Interministérielle" créée en 1965 pour remplacer la S.I.T.O. dissoute. Diverses incitations financières et fiscales sont octroyées aux investisseurs hôteliers. On attendait, pour la fin du plan des résultats importants : un chiffre d'affaires pour l'hôtellerie de plus de 53 millions de francs plus des retombées économiques liées aux dépenses annexes des touristes d'un montant évalué à plus de 43 millions de francs. Cette l'activité hôtelière devait entraîner la création de 3 500 nouveaux emplois étant entendu que chaque nouvelle chambre construite induirait la création de 1,5 emploi direct et 1,5 emploi indirect. Ce plan contenait aussi des objectifs d'ordre social notamment la prise en considération des loisirs des habitants : la création de plages publiques et d'un village de vacances destiné aux touristes locaux défavorisés ; il prévoyait aussi une assistance technique pour la petite hôtellerie. Mais toutes ces dispositions en direction des populations de l'île restaient volontairement limitées afin de garder la priorité à l'aspect économique qui était réaffirmé.

La période 1971-1976

Au début des années 1970, durant le VIe Plan (1971-1976), les engagements en matière de tourisme prennent une grande ampleur. Les objectifs annoncés dans ce plan sont la suite logique et l'aboutissement de la phase précédente. Le tourisme est défini comme "prioritaire". Il est considéré comme "le moteur principal de l'économie", comme seule possibilité de développement dans le contexte économique et social en crise. Les rapports de la Commission du VIe Plan spécifient :

> «Par son mode de production à forte intensité de travail, le tourisme est la seule branche qui puisse simultanément dans les départements français des Antilles, apporter une solution valable quoique partielle au problème de l'emploi et permettre de restructurer le Produit Intérieur Brut».

Cette nouvelle activité fortement chargée d'espoir est proposée comme remède aux principaux maux de la Guadeloupe, à savoir le chômage et la crise économique. L'engagement de ce plan est important puisqu'à son achèvement 3 500 emplois directs et 6 500 emplois indirects doivent être créés, le tourisme devrait produire alors une valeur ajoutée de 330 millions de francs et participer pour 17 % au Produit Intérieur Brut.

Ces perspectives se fondent sur un programme de grande envergure concernant l'aménagement de la Riviera Sud de la Grande-Terre : 3 000 chambres d'hôtel y seront construites ainsi que les équipements de loisirs déjà envisagés (casino, golf, port de plaisance, plus un parc naturel sur la partie montagneuse de l'île).

Des tendances nouvelles apparaisent : on souhaite créer un "tourisme moderne" adapté aux demandes d'une clientèle diversifiée et satisfaire aussi les intérêts et les aspirations de la population résidente. La conception qui avait prévalu jusqu'alors et qui consistait à assimiler le tourisme à l'hôtellerie de luxe est remise en cause : dorénavant à côté du tourisme de grand standing, les pouvoirs publics souhaitent développer la petite et moyenne hôtellerie jusque-là très limitée. Ces formules d'hébergement sont considérées plus intéressantes pour les Guadeloupéens, car elles favorisent les contacts entre les touristes et les habitants, demandent moins d'investissements, offrent au niveau de l'emploi et de l'économie locale des impacts plus forts, et enfin elles incitent les hôteliers à se regrouper. Le développement du tourisme intérieur devient l'une des composantes de cette politique : la création de villages de vacances et de lotissements résidentiels destinés à la fois aux habitants et aux touristes est proposée ; des "tarifs étudiés" sont envisagés pour favoriser l'accès de ces équipements touristiques aux Guadeloupéens, notamment hors-saison. Enfin l'adhésion et la participation de la population locale au phénomène touristique apparaissent désormais essentielles. Il s'agit de favoriser les investissements locaux dans la petite hôtellerie, la restauration, de mener des actions en faveur de la protection de l'environnement, de mettre en valeur les "richesses folkloriques" et d'inviter la population, les collectivités locales, les médias à collaborer à cette entreprise.

Cette phase, qui marque le début des années soixante-dix, se révèle comme un temps fort de l'évolution de la politique touristique. Les années suivantes, du milieu des années soixante dix au début des années quatre vingts, renforcent cette évolution et inaugurent une période de transition entre deux conceptions du tourisme.

La période 1977-1982

D'une part, la politique touristique en vigueur est poursuivie. Dans le VIIe Plan le rôle économique du tourisme reste fondamental : il est qualifié "d'essentiel",... il doit : représenter à long terme une part non négligeable du Produit Intérieur Brut.

Une augmentation considérable du potentiel d'accueil est proposé : 5 000 chambres nouvelles sont prévues. Cependant les résultats précédents ont amené plus de modération dans les engagements. Le tourisme n'est plus considéré comme la solution miracle aux problèmes économiques. Il perd son caractère prioritaire. Il est présenté comme :

> «Un atout indispensable qui ne pourra pas constituer la solution unique aux problèmes de l'emploi et du chômage».

Néanmoins on cherche à faire apparaître les résultats et les succès de la politique touristique mise en place. En 1976, un rapport à la Préfecture —le rapport Bogino— s'attache à démontrer l'importance des retombées économiques du tourisme et le nombre d'emplois créés par cette activité ; on peut y lire :

> «Le tourisme est une réalité majeure de notre économie, plus de 3 500 personnes en tirent des revenus réguliers et la masse salariale correspondant à ces différentes branches atteint 50 millions de francs, soit la moitié des recettes de la canne en 1975».

Un rapport de la Direction de la Promotion Touristique de la Préfecture de la Guadeloupe [7] démontre que l'activité touristique en 1976 et 1977, se place au quatrième rang de l'économie guadeloupéenne.

D'autre part, des orientations nouvelles apparaissent, elles visent l'intégration de cette activité dans la vie locale. On pouvait lire dans le rapport Bogino :

> «Le tourisme pourrait apporter encore plus en s'intégrant davantage dans la vie locale et pourrait mieux profiter aux Guadeloupéens, aux agriculteurs, aux artisans, au développement de l'emploi».

De même le développement de la petite et moyenne hôtellerie apparaît désormais comme un secteur d'avenir. Cette période marquée par des hésitations est aussi celle d'une redéfinition de la politique touristique. Les propositions qui engageaient des actions importantes sont remises en question deux ans après. Face aux difficultés rencontrées (crise de l'hôtellerie, retard considérable dans le programme des réalisations) une pause est décidée. Les crédits et les aides à l'hôtellerie sont suspendus le 1er janvier 1978. Le programme du VIIe Plan est alors reconsidéré. Certains objectifs et certaines actions sont remis en cause voire dénoncés, d'autres se dessinent et s'imposent progressivement. Un nouveau style s'instaure. A plusieurs reprises des ministres, des secrétaires d'Etat, des responsables ministériels se rendent en Guadeloupe. Ces visites ont pour but d'informer la population des nouveaux projets, de rassurer les investisseurs, de convaincre les sceptiques, d'établir un dialogue entre les décideurs nationaux et les responsables locaux et enfin de définir, en concertation, les programmes. Au cours des "Assises sur le Développement des Antilles Françaises" qui se sont tenues en Martinique et en Guadeloupe du 4 au 10 décembre 1978, le problème de la poursuite du développement du tourisme a été posé ; des explications aux difficultés hôtelières ont été données et la politique antérieure a été dénoncée :

---

(7) Préfecture de la Guadeloupe. Direction de la promotion touristique. *Le tourisme en Guadeloupe durant les deux dernières années*, 1976-1977. Basse-Terre, 1977, 85 p.

«La mise en place du tourisme s'était faite trop rapidement, de manière trop concentrée géographiquement».

L'importance économique de cette activité a été rappelée et il a été décidé d'en informer la population et de poursuivre le développement afin d'atteindre en 1990 un hébergement de 15 000 chambres. La pause hôtelière a été alors levée et de nouvelles incitations financières et fiscales pour favoriser les investissements dans l'hôtellerie ont été annoncées. Un nouveau programme, "le plan triennal", est proposé par le Directeur du Tourisme lors de sa visite en Guadeloupe en octobre 1979. Les objectifs de ce plan triennal visent l'intégration du tourisme dans la vie économique du département et une association, la plus large possible des Antillais à son développement à tous les niveaux : dans la gestion, dans l'organisation, dans les investissements. Il propose une relance et une diversification de l'hébergement assorties d'un financement spécifique :

«3 000 lits nouveaux seront créés d'ici trois ans dont 500 en villages de vacances, plus un nombre illimité de gîtes ruraux».

Il précise que le développement économique de l'île ne doit plus être fondé uniquement sur le tourisme comme dans la période précédente.

Désormais le tourisme doit s'inscrire dans une politique globale d'aménagement et doit contribuer au rééquilibrage économique et géographique de l'île. Ces projets se portent sur la Côte Sous-le-Vent en Basse-Terre, selon un regroupement en deux ou trois pôles touristiques. En avril 1980, le Secrétaire d'Etat, Paul Dijoud, et la Mission Interministérielle se rendent en Guadeloupe pour étudier avec les élus et les socio-professionnels le programme de la Côte Sous-le-Vent qui sera proposé dans le VIIIe Plan. Les idées du "plan triennal" sont reprises, l'accent est mis sur la nécessité de rééquilibrer l'économie guadeloupéenne entre la Grande-Terre et la Basse-Terre fortement frappée par l'exode rural et le chômage. De nouvelles propositions émergent : le développement se fera dans trois directions : l'agriculture, l'artisanat et le tourisme ; on favorisera le tourisme populaire et son extension à l'intérieur du pays. Ces projets ont été diffusés par la presse locale [8].

Le VIIIe Plan s'annonce comme l'aboutissement de ces deux dernières années de réflexion. Il propose :

«L'expérimentation d'un nouveau modèle de développement en Basse-Terre : il faut rompre avec les excès connus dans le passé…, et renoncer au tourisme de luxe fondé sur les hôtels de grand standing».

Il s'agit d'enrayer l'exode rural du secteur de la Côte Sous-le-Vent qui doit rester une zone de pluriactivités. Les objectifs de ce développement touristique visent à :

---

[8] Le quotidien *France-Antilles* du 8 avril 1980 fait un compte rendu d'une page sur les projets concernant le développement de la Basse-Terre qui ont été définis lors de la rencontre des représentants de la Mission Interministérielle, du Directeur des DOM au cabinet du Secrétaire d'Etat de M. Paul Dijoud avec les élus et les socio-professionnels de la Basse-Terre.

«Répondre à une clientèle familiale voire sociale ; il devra être destiné tant aux touristes extérieurs qu'aux Guadeloupéens», «permettre un apport économique pour les populations résidentes en les faisant participer à l'accueil touristique».

Le programme propose la valorisation des sites et la création de pôles touristiques (Pointe-Allègre, Rivière-Sens, Pointe-Noire), la construction d'une hôtellerie une ou deux étoiles, de gîtes ruraux et de villages de vacances destinés à une clientèle sociale.

Ainsi cette phase marque un véritable tournant dans la politique touristique proposée par les Pouvoirs Publics. Ces nouvelles idées prendront un développement à partir du début des années 1980.

Les réalisations

Un grand nombre d'idées et de projets définis dans les Plans ont été réalisés. Au cours de ces deux décennies le tourisme a connu un formidable essor en Guadeloupe.

L'archipel a été doté d'importants équipements pour acueillir les touristes. Dans un premier temps, selon la conception de l'époque, trois grands hôtels de luxe ont été construits sur des sites exceptionnels, isolés et en bord de mer : en 1963, la Caravelle à Sainte-Anne, le Fort-Royal à Deshaies puis les Alizées au Moule en 1966.

La construction de la Riviera Sud est la concrétisation la plus spectaculaire de la politique touristique de cette époque. Trois stations : le Gosier, Sainte-Anne, Saint-François, distantes d'une quinzaine de kilomètres ont été construites le long de la côte sud de la Grande-Terre selon les principes d'aménagement définis à l'époque. Ces stations forment de véritables complexes touristiques dotés de tous les équipements nécessaires : de nombreux hôtels de luxe, avec piscines, tennis, restaurants, et à proximité des infrastructures de loisirs : casinos, boîtes de nuits, golf, port de plaisance. Les touristes, autrefois rares, affluent de plus en plus nombreux dans l'archipel. Les objectifs essentiels de ces réalisations étaient le développement économique de ce département et la création d'emplois. En vingt ans, de 1960 à 1980, le tourisme s'est hissé au deuxième rang de l'économie guadeloupéenne, plus de 7 500 emplois ont été fournis par cette activité. Nombreux sont ceux qui ont trouvé un débouché ou qui tirent de cette activité des revenus importants ; certains ont obtenu des diplômes ou une qualification, d'autres y ont trouvé une promotion.

Néanmoins, les résultats n'ont pas toujours été à la hauteur des promesses, entraînant des déceptions voire un certain scepticisme de la population à l'égard de l'avenir touristique de l'archipel. Les responsables ministériels eux-mêmes ont révélé les insuffisances des réalisations dans les bilans effectués à la fin de chaque Plan. On relève des écarts parfois importants entre les propositions qui ont été faites et les réalisations. Ainsi dès la première phase de démarrage du tourisme, le fonctionnement des premiers hôtels construits n'a pas donné les résultats escomptés (les répercussions sur le plan économique et sur l'emploi ont été inférieures aux prévisions) ; les constructions hôtelières prévues au Ve Plan ne furent réalisées qu'à 70 %. Durant la seconde phase, si les constructions ont largement atteint voire dépassé les prévisions, la répartition entre les catégories d'hôtels inscrites au Plan ne fut pas réalisée. Ce sont surtout des hôtels de luxe qui furent construits (800 chambres prévues, 1 200 réalisées) au détriment de la petite et moyenne hôtellerie (1 200 chambres prévues, 227 réalisées). Ainsi, contrairement à ce qui avait été annoncé, la diversification de l'hôtellerie, qui allait dans le sens des intérêts locaux, ne s'est pas accomplie. Cette volonté de diversification et de développement de la petite hôtellerie qui sera sans cesse affirmée dans les Plans suivants n'a pas été suivie d'effets. Au début des années 1980 on constatait que les constructions s'étaient faites presque exclusivement dans l'hôtellerie de luxe. La participation plus large de la population locale à la gestion des entreprises et dans les investissements qui avait été annoncée n'a pas débouché dans les faits, ce qui a provoqué des ressentiments parmi les investisseurs potentiels locaux. Les résultats sur le plan de l'emploi et dans le Produit Intérieur Brut furent très inférieurs aux objectifs annoncés, notamment par rapport au VIe Plan qui s'était engagé de manière précise dans ce sens. Enfin c'est au cours de la troisième phase (1977-1982) que le décalage entre les discours et les réalisations a été le plus marquant alors que les engagements pris auprès de la population guadeloupéenne étaient les plus importants. Rappelons que ce qui était proposé et attendu était : une plus large participation des populations locales à l'activité touristique, de meilleures retombées économiques dans le département, de nouveaux emplois en particulier sur la Côte Sous-le-Vent. Or les programmes qui avaient été annoncés dans cette perspective et malgré les assurances gouvernementales renouvelées à maintes reprises, n'ont pas eu de suite. La désillusion de ceux qui avaient fondé des espérances dans des projets a soulevé une nouvelle fois une interrogation sur l'avenir du développement touristique en Guadeloupe. Au fond, le problème posé est celui du tourisme facteur d'indépendance économique de l'île. Ce type de tourisme mis en place est-il facteur d'indépendance ou de dépendance économique ?

Le contexte local et international

L'élaboration de la politique touristique, son évolution, ses réalisations se sont effectuées dans un contexte particulier, celui de la crise des activités traditionnelles guadeloupéennes et celui de la conception du tourisme qui prévalait à cette époque dans le monde.

Alors que les premiers projets touristiques se mettent en place la Guadeloupe est encore une île traditionnelle, fortement marquée dans son économie et ses structures sociales par les cultures de plantation.

L'accroissement extraordinaire de sa population augmente les problèmes du sous-emploi et du chômage, condamnant de nombreux jeunes à gagner la Métropole.

C'est après une longue préparation des esprits menée par quelques personnalités, que l'idée du développement au tourisme s'est progressivement imposée dans les années cinquante et que la mise en place de grands moyens est apparue nécessaire. En effet, la Guadeloupe, au début des années soixante, ne disposait pas d'équipements pour accueillir les touristes américains de plus en plus nombreux dans les îles voisines qui se présentaient comme des modèles de réussite. Il fallait donc créer les infrastructures d'hébergement et de loisirs correspondant aux goûts de cette clientèle, et donner à cette île encore inconnue une image de marque. L'intervention de la puissance publique dans le cadre de la planification semblait être indispensable au démarrage de l'industrie touristique, comme cela se pratiquait en Métropole et dans d'autres pays. Le choix de construire de grands hôtels de luxe, isolés, en bord de mer, dans des sites splendides, répondait aux demandes de la clientèle de l'époque, à la recherche du soleil, de la plage, de l'exotisme et du confort. La création d'hôtels de luxe était aussi une nécessité pour lancer la destination Guadeloupe sur le marché touristique des pays industrialisés. Sur place, le développement du tourisme a été présenté comme un moyen de créer des emplois et d'apporter des devises.

Dans une deuxième étape, à la fin des années soixante, alors que des pans entiers de l'économie s'effondrent, le tourisme est envisagé comme une activité essentielle pour la Guadeloupe. D'une manière générale, à cette époque, il était de plus en plus reconnu comme une activité économique et sociale de premier plan. Il était alors considéré comme un moyen de développement économique pour les pays ou régions en difficultés et comme instrument de rééquilibrage régional dans le cadre de l'aménagement touristique.

La construction d'une riviera comportant plusieurs stations où seraient regroupés les hôtels et divers équipements de loisirs, répondait aux projets de créer un tourisme de grande envergure de manière organisée et maîtrisée. Le choix de la côte sud de la Grande-Terre tient à la fois à la présence de plages de sable blanc bordées de cocotiers très recherchées par les touristes de l'époque, à la proximité de l'aéroport, mais il a été aussi dicté par des intérêts d'ordre régional, à la suite de la fermeture des usines de canne à sucre de Sainte-Anne et de Saint-François. De plus, ce type d'opération touristique basée sur la réalisation de stations balnéaires autonomes et "intégrées", éloignées les unes des autres, était le modèle en vigueur à l'époque. Plusieurs pays s'étaient engagés dans des projets et des expériences similaires. En France, l'aménagement de la côte Languedoc-Roussillon servait d'exemple.

La troisième étape, qui est celle d'une recherche de diversification du tourisme et d'une meilleure intégration de cette activité, correspond aux préoccupations locales et nationales. Ces nouvelles formes de tourisme orientées vers le développement de la petite hôtellerie répondent aussi à l'évolution de la clientèle. Les touristes qui viennent en Guadeloupe sont de plus des Métropolitains, leur niveau de vie est moins élevé que celui des Américains et leur mentalité est différente.

D'une manière générale, on observe des tendances comparables dans de nombreux pays, car les résultats des différentes expériences ont fait ressortir les difficultés et les inconvénients du développement du tourisme. Celui-ci est de plus en plus considéré comme un secteur d'appoint, son intégration économique et sociale est jugée désormais comme essentielle.

La planification touristique

Cette politique touristique a été définie dans le cadre de la planification. Les plans arrêtés au niveau ministériel étaient élaborés par des commissions comportant les membres traditionnellement représentés c'est-à-dire les organismes professionnels, les syndicats, des personnalités diverses, les délégués des ministères intervenant dans les Départements d'Outre-Mer. La réalisation de ces plans avait été confiée à des organismes placés directement sous tutelle ministérielle. La S.I.T.O. (Société Immobilière et Touristique d'Outre-Mer) qui avait été créée en 1956 était placée directement sous la tutelle du ministre des DOM restait trop éloignée des réalités du terrain. La "Mission Interministérielle pour le Développement Touristique des Départements et Territoires d'Outre-Mer" qui lui a succédé en 1965 était présidée par le ministre des DOM-TOM. La "Mission Interministérielle Spécifique" qui fut décidée en 1968 pour la remplacer ne fut jamais mise en place et la "Mission" précédente fut reconduite. Par la suite, la "Mission Interministérielle d'Etudes pour le Développement du Tourisme des DOM" créée en 1979 et placée sous l'autorité directe du Directeur du Tourisme du Ministère, chargée de l'élaboration du VIIIe Plan, organisa à plusieurs reprises des consultations auprès des élus et des socio-professionnels locaux.

L'administration locale joua un rôle important dans la planification. Le Préfet de la Guadeloupe était chargé d'approuver les choix effectués. A la Préfecture, il avait mis en place des services spécialisés : d'abord la "Direction de la Promotion Touristique", puis en 1979 la "Cellule Industrie et Tourisme", responsables des dossiers d'agrément et de leur suivi. Les directions départementales (Agriculture, Industrie, Equipement, Office National des Forêts, INSEE) ont collaboré à la mise en place du tourisme, et réalisé de nombreuses études et rapports sur cette activité. Le "Plan Directeur d'Aménagement et de Développement" a été confié à l'Atelier d'Urbanisme et d'Aménagement de la Guadeloupe (A.U.A.G.), au Groupe d'études et de Programmation de la Direction Départementale de l'Equipement (GEP) et à l'Institut National de la Statistique et des Etudes Economiques (INSEE).

Le Conseil Général de la Guadeloupe a joué un rôle essentiel dans les prises de décisions politiques : c'est lui qui hiérarchisait les opérations prioritaires, qui fixait la participation financière départementale. C'est le Conseil Général qui a effectué les choix essentiels. Par exemple, lors de la mise en place de la "Riviéra" proposée par le niveau national, il a opté pour la "Riviéra Sud" de la Grande-Terre, alors que c'était la "Riviéra Nord" qui avait été présentée. Le rôle des élus et du sénateur-maire de Saint-François a été décisif dans ce cas.

Des commissions locales de préparation du Plan avaient été mises en place dès le Ve Plan, dotant les DOM d'une "véritable décentralisation de la planification sans équivalent en métropole" selon l'expression du responsable du Commissariat général au Plan. Ces commissions se composaient d'institutions et de personnalités locales. Leur rôle était d'exprimer et de soumettre les volontés départementales aux commissions nationales. Cependant, certaines de leurs propositions, qu'elles jugeaient essentielles, ne furent pas retenues. Par exemple, lors de la préparation du VIe Plan, la commission locale avait demandé la création d'un organisme local chargé de coordonner la programmation des infrastructures touristiques. Elle avait en outre souhaité que l'on mène des actions en direction de l'environnement, de l'animation, de la diversification hôtelière et elle avait préconisé la création de pôles touristiques sur la Basse-Terre. Ces deux grandes orientations ne furent pas retenues.

A l'occasion de la préparation de ces Plans, plusieurs consultations ont été organisées avec le Conseil Général, le Conseil Régional, les élus, les socio-professionnels, les syndicats, les institutions, pour définir les grands axes de la politique touristique. Des organismes touristiques locaux ont été mis en place : l'Office du Tourisme à Pointe-à-Pitre en 1960 ; le Comité régional du Tourisme en 1978 dont le rôle essentiel est la promotion, la commercialisation du tourisme et la programmation des aménagements et équipements touristiques ; puis en 1981, le Centre Régional d'Observation de l'Activité Touristique chargé d'étudier l'activité touristique et les loisirs des populations locales.

Un tourisme diversifié

Au début des années 1980, dans le cadre de la décentralisation (loi du 2 mars 1982) la Région Guadeloupe qui dispose d'un pouvoir réel dans la politique contractuelle au IXe Plan (1984-1988), s'est prononcé pour une politique «nouvelle» de développement. Le premier Plan Régional présenté aux instances nationales a été élaboré à la suite d'une série de consultations organisées dès 1982, auxquelles ont participé de nombreux élus et acteurs socio-professionnels guadeloupéens. Le Conseil Régional propose dans ce plan une idée essentielle qu'il résume dans le titre suivant : "La Région Guadeloupe : un défi au développement". Le tourisme occupe une place relativement importante dans l'ensemble de ce dispositif, il figure en bonne position parmi les six groupes d'actions prioritaires du programme de

"Développement de l'Appareil de Production". Toutefois le financement qui lui est accordé reste modeste par rapport aux autres secteurs économiques. Dans ce premier Plan Régional le tourisme est reconnu :

> «C'est une activité économique importante contribuant à résorber le déficit extérieur de la Région vis à vis des pays étrangers et de la zone franc».

La forme et le fonctionnement du tourisme existant sont critiqués. Le plan relève la faiblesse de l'intégration économique de cette activité : l'insuffisance de ses effets sur l'agriculture, l'artisanat, le commerce, l'emploi induit. Il dénonce le faible recours aux productions locales. Il propose un programme de "soutien de l'activité touristique" autour de quatre axes qui sont : "la réunion d'une table ronde pour prendre les décisions finales", la mise en place d'un organisme administratif et technique, la promotion extérieure, la protection et la mise en valeur des sites touristiques et le développement des loisirs. A l'occasion de la "Table ronde" qui s'est tenue en septembre 1984 en Guadeloupe et qui réunissait les différents partenaires publics et privés concernés par le tourisme, les grandes orientations en matière de tourisme ont été définies. Le Plan définitif a retenu la plupart des propositions contenues dans le plan initial et dans le rapport de synthèse de la "Table ronde". Il reflète les volontées des assemblées locales qui ont exprimé une politique touristique nouvelle.

Il propose une intégration plus étroite du tourisme dans le contexte économique, social et culturel, et l'association des Guadeloupéens aux divers stades de développement de cette activité. Des propositions précises sont annoncées pour l'intégration économique et sociale du secteur touristique. En particulier pour les produits agricoles et la pêche, il a été envisagé la mise au point d'une politique de contrats d'approvisionnement sur la base d'inventaires précis des besoins et la consommation des produits locaux dans les restaurants ; pour l'artisanat d'art, la création d'un répertoire d'art, la valorisation des productions locales. Diverses actions visant l'intégration sociale du tourisme ont été présentées, notamment la sensibilisation de la population au phénomène touristique par des moyens modernes, et l'information auprès des enfants dans les écoles. Le développement de l'hébergement, en particulier de la petite hôtellerie, des gîtes ruraux, de la para-hôtellerie, des villages de vacances à vocation sociale a été prévu. Des actions en faveur de la promotion sociale et de la formation professionnelle des employés de ce secteur ont été projetées. Ce plan comporte une série de propositions concernant le renforcement de l'animation touristique par la valorisation des loisirs existants, ainsi que la mise en place d'une politique de protection de l'environnement et d'aménagement de sites, l'amélioration des transports... Enfin, il est affirmé que l'image de marque de la Guadeloupe doit être améliorée, qu'elle doit prendre en compte les "richesses spécifiques des îles", son patrimoine naturel et culturel. Ainsi, c'est une autre forme de tourisme que la Région Guadeloupe souhaite développer. Elle considère cette activité comme un des éléments de diversification économique capable de lutter contre le déséquilibre structurel.

Mais le tourisme doit évoluer vers une plus grande autonomie car jusque là il est resté trop dépendant de l'extérieur. Il doit avant tout profiter à la Guadeloupe et à ses habitants, devenir en fait "l'affaire des Guadeloupéens", et mieux intégrer le patrimoine local.

Tandis que le premier plan Régional touche à sa fin et que la préparation du second s'annonce, la Région Guadeloupe, forte de ces années d'expérience de la décentralisation (et dont la majorité politique aux élections de mars 1986 a changé) s'est dotée d'une nouvelle structure, l'A.G.E.T.L. (Agence Guadeloupéenne de l'Environnement du Tourisme et des Loisirs). Cet établissement public créé en 1986, situé à Basse-Terre, est chargé de la préparation et de la mise en oeuvre de la politique touristique définie par le Conseil Régional. Il a pour mission de coordonner les actions de développement du tourisme et de mettre en place un observatoire du tourisme. Pour le contrat de Plan 1989-1993, le Conseil Régional propose, parmi les cinq grandes priorités retenues de diversifier l'offre en matière de tourisme, de loisirs et de services dans un environnement préservé.

Les orientations de cette politique comportent trois points essentiels :

— l'évolution vers un tourisme "intégré" au sens véritable du terme, c'est-à-dire en fonction du contexte guadeloupéen et dans l'intérêt des Guadeloupéens par le développement des gîtes ruraux et des chambres d'hôtes ; la valorisation des autres richesses de l'archipel par l'extension du tourisme vers l'intérieur du pays, la création du thermalisme… ; la prise en compte de l'artisanat d'art local…

— la protection de l'environnement par la lutte contre les ordures ménagères, le nettoyage des plages, la valorisation des sites…

— le développement des loisirs qui prendront en compte les traits culturels locaux…

Les actions de l'A.G.E.T.L. durant cette première année portent essentiellement sur l'environnement : lutte contre les ordures ménagères, sensibilisation de la population par les journaux, la télévision, les panneaux publicitaires. L'A.G.E.T.L. a entrepris avec les agences similaires de Martinique et de Guyane un travail de coopération en collaboration avec le C.T.R.C. (Centre de Recherche sur le Tourisme dans la Caraïbe) qui regroupe 28 pays membres. Les représentants de ces trois agences et du C.T.R.C. se sont réunis en séminaire organisé en mai 1988 en Martinique, dont le thème portait sur les programmes de sensibilisation de la population au phénomène touristique dans les Caraïbes.

Le Conseil Général de son côté conduit une politique de développement du tourisme en milieu rural qu'il souhaite renforcer dans les années à venir, en particulier dans les secteurs les moins exploités de la Basse-Terre. Il propose diverses aides et subventions pour la création de gîtes ruraux de chambres d'hôtes, de petits hôtels. C'est donc une politique commune d'intégration du tourisme que mènent les assemblées régionale et départementale.

Diverses mesures ont accompagné cette politique. Au niveau national, les avantages financiers et fiscaux existants ont été reconduits : l'exonération temporaire d'impôt sur les sociétés concernant les nouvelles activités ou sociétés a été reconduite en 1983, puis élargie en 1986 ; l'exonération des droits d'octroi de mer sur les biens d'équipement destinés au secteur touristique a été reconduite par la loi du 2 août 1984 pour les DOM ; une prime d'emploi et d'allègement des charges sociales et fiscales pour la création ou l'extension des entreprises hôtelières et de loisirs liés au tourisme a été créée par un décret du 15 mars 1986 ; une prime d'équipement a été accordée par arrêté ministériel en 1986 pour les activités de loisirs liées au tourisme (hors hôtellerie).

Des aides et subventions régionales ont été créées : en 1986 une prime régionale à la création d'entreprises et à la création d'emplois dans les secteurs du tourisme et des activités de loisirs ; des aides à l'extension et à la modernisation de la petite et moyenne hôtellerie. Le Conseil Général a voté en 1986 des aides complémentaires aux primes régionales à l'emploi et à la création d'entreprises. Il a aussi attribué en 1987 des aides en faveur de la petite hôtellerie, puis des aides pour la création de gîtes ruraux et de chambres d'hôtes.

L'évolution du tourisme ces dernières années semble aller dans le sens de cette politique. On remarque une prise en main par la population locale de nombreuses activités liées au tourisme : création de gîtes ruraux, location de nombreuses villas et meublés, création de petits hôtels, de commerces, de restaurants, d'agences de location de voitures. Dans le cadre des loisirs, on observe un accroissement des excursions à l'intérieur du pays ou vers les îles de l'archipel, une mise en valeur du patrimoine (création de musées, musée Edgar Clerc, au Moule, musée Saint-John Perse, à Pointe-à-Pitre, parc zoologique, un musée de la mer). Plusieurs communes ont créé des syndicats d'initiative ou élaborent des projets... Les investisseurs locaux souhaitent se lancer dans de nouveaux produits touristiques... Les Guadeloupéens partent de plus en plus en vacances, soit dans l'archipel, soit vers l'Amérique du Nord ou les îles Caraïbes. Ils s'ouvrent de plus en plus à de nouvelles pratiques de loisirs ; les jeunes, en particulier, sont très attirés par les sports nautiques.

Ces évolutions s'observent surtout sur le "continent" en Grande-Terre et en Basse-Terre.

Ces nouvelles orientations de la politique touristique se sont définies dans le cadre de la décentralisation et dans un contexte général qui a sensiblement évolué. En effet, au début des années 1980, le tourisme apparaît comme une réalité économique de premier plan en Guadeloupe, dont les habitants ne doutent plus. L'origine des touristes, qui viennent de plus en plus nombreux tout au long de l'année, s'est diversifiée. La mise en place des "charters" et l'abaissement relatif du coût des transports aériens entre la métropole et les Antilles ont amené une clientèle d'un nouveau type, plus jeune, moins fortunée, qui dans l'ensemble préfère, à l'hôtellerie classique, la petite hôtellerie ou l'accueil chez l'habitant, moins onéreux et plus original. Ces vacanciers viennent pour découvrir l'île ou l'archipel.

Par ailleurs, on observe des tendances comparables dans plusieurs pays et régions du monde. Le tourisme international dans les pays en voie de développement est envisagé aujourd'hui sous un angle différent. Il n'est plus considéré comme "le" remède aux problèmes économiques mais plutôt comme un appoint. Des experts, à la suite de diverses expériences, de rapports et d'études, ont élaboré il y a quelques années déjà une série de recommandations dans le but précisément pour ces pays, d'augmenter les avantages et de réduire les inconvénients du tourisme. Il s'agit notamment de mieux intégrer le tourisme dans la vie économique sociale et culturelle locale, d'établir une planification touristique dans la planification générale, d'associer les populations locales, de développer le tourisme intérieur, de choisir un type de tourisme plus adapté aux originalités de la région, et de mener une véritable politique culturelle.

Le cas des îles du Nord, Saint-Martin et Saint-Barthélémy est particulier. Ces deux petites îles situées à proximité des îles américaines ont connu au cours de ces trois ou quatre dernières années un essor extraordinaire du tourisme, sans commune mesure avec le reste de l'archipel. Elles se sont orientées vers un tourisme de luxe, à destination de la clientèle nord-américaine, mais selon des formes différentes.

L'île de Saint-Martin, dont la particularité est d'être à moitié française et à moitié hollandaise connaît depuis ces cinq dernières années un véritable bouleversement. Cette petite île de 75 km2 peuplée de 38 000 habitants (50 km2 et 18 000 habitants dans la partie française, 25 km2 et 20 000 habitants dans la partie hollandaise) est devenue un véritable chantier de constructions. Des hôtels, des résidences touristiques de luxe, des commerces, des restaurants ont surgi en quelques années, posant aujourd'hui des problèmes aigüs de spéculation foncière. Son statut de port franc et les différents avantages fiscaux et financiers dont bénéficie la partie française ont attiré de nombreux investisseurs et promoteurs. Aujourd'hui cette île dispose d'une capacité d'hébergement touristique de 1 200 chambres dans la partie française, et de 2 300 chambres dans la partie hollandaise, elle s'élèvera à 6 000 chambres dans deux ans ! 400 000 à 500 000 touristes, principalement nord-américains viennent y séjourner chaque année. Les avions en provenance des grandes villes nord-américaines et de métropole arrivent directement à l'aéroport international de Philipsburg.

A Saint-Barthélémy, le tourisme qui a démarré très lentement connaît depuis deux à trois ans un essor extraordinaire. Cette petite île de 25 km2 peuplée de 3 300 habitants dispose aujourd'hui d'une capacité d'accueil touristique de 1 900 chambres, 522 en hôtels et 1 388 en villas de luxe principalement louées à des touristes nord-américains. Face au risque d'invasion touristique, les autorités locales, vu la taille de l'île, les problèmes d'eau potable et d'accès, se sont orientées vers des mesures de protection. Depuis 1980 les constructions touristiques sont limitées à 6 chambres.

Pour ces deux petites îles aux ressources économiques très limitées, le tourisme est devenu l'activité essentielle.

Le tourisme, sous sa forme actuelle, est le résultat des politiques touristiques successives qui ont été menées au cours de ces trois dernières décennies. Comment les équipements et activités touristiques d'une part, et la présence même de ces touristes d'autre part, éléments les plus manifestes de ces changements, s'inscrivent-ils dans l'espace guadeloupéen ?

LE FAIT TOURISTIQUE EN GUADELOUPE

Au cours de ces dernières années, c'est sans doute le développement du tourisme qui a apporté le plus de changements dans cet archipel resté longtemps replié sur lui-même. Soudainement, les Guadeloupéens se sont trouvés confrontés à la présence massive de touristes "étrangers", et à la transformation de certains secteurs où ont surgi des complexes touristiques, des restaurants, des ports de plaisance, des tennis, des piscines, des casinos, un golf... L'ampleur de ces phénomènes justifie une description détaillée des équipements mis en place et une analyse de la clientèle.

LES ÉQUIPEMENTS TOURISTIQUES

La Guadeloupe, il y a vingt-cinq ans, ne disposait d'aucun équipement pour recevoir les touristes ; aujourd'hui, elle possède de grandes stations de réputation internationale. La mise en place de ces équipements a profondément bouleversé certains secteurs de l'île.

LES HÉBERGEMENTS TOURISTIQUES *(FIG. 2)*

Ils ont été construits de façon spectaculaire en une quinzaine d'années (tableau 1). La Guadeloupe peut accueillir à l'heure actuelle plus de 13 000 vacanciers, sans compter l'hébergement chez les parents ou les amis, ni les résidences secondaires dont le nombre est difficile à évaluer. L'hôtellerie constitue la pièce maîtresse du tourisme guadeloupéen mais les autres formes d'hébergement qui ont été pendant longtemps secondaires sont aujourd'hui en pleine expansion. La capacité d'accueil de la Guadeloupe en 1987, selon les modes d'hébergement commercialisés, se répartit de la manière suivante : hôtels : 68,10 %, meublés : 20,4 %, résidences de tourisme : 7,34 %, gîtes ruraux : 4,01 %.

TABLEAU 1 - **Evolution du parc hôtelier de la Guadeloupe (nombre de chambres)**

LOCALISATION	1960	1970	1976	1979	1986	1988
Le Gosier			1 043	1 192	1 330	1 331
Sainte-Anne			317	337	432	454
Saint-François	88	440	363	462	447	563
Le Moule			353	45*		45
Pointe-à-Pitre			62	87	98	36
Reste de la Grande-Terre						107
TOTAL GDE-TERRE	88	440	2 138	2 123	2 307	2 536
Deshaies	-	150	163	163	153**	153
Reste de la Basse-Terre	37	62	66	56	73	98
TOTAL BASSE-TERRE	37	212	229	219	226	251
Les Saintes		49	45	57	109	163
Marie-Galante et Désirade			39	39	40	40
Saint-Martin	30	136	409	438	632	1227
Saint-Barthélémy			149	214	415	523
TOTAL DÉPENDANCES	30	185	642	748	1 196	1 953
TOTAL	155	837	3 009	3 038	3 729	4 740

Source : *INSEE, CROAT*
* : Vente des "Alizés" et fermeture du "COPATEL" en 1979.
** : Fermeture du Club Méditerranée Fort-Royal Deshaies en 1986.

L'hôtellerie : une composante essentielle *(Tableau 2)*.

Elle comprend en 1987 : 97 hôtels, offrant un total de 4 635 chambres, ce qui représente plus des 2/3 de l'hébergement payant. Il existe deux types d'hôtellerie bien distincts qui ont tendance aujourd'hui à s'équilibrer : une grande hôtellerie de luxe qui fut longtemps prédominante et une petite et moyenne hôtellerie en forte progression. Cet équipement hôtelier est fortement regroupé dans l'espace, les deux principales zones d'implantation étant le sud de la Grande-Terre et les îles du Nord.

FIGURE 2 - Le dispositif

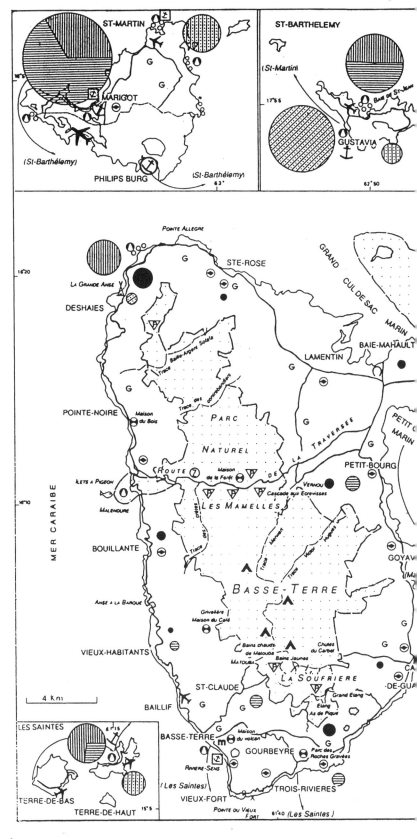

l'accueil touristique en Guadeloupe

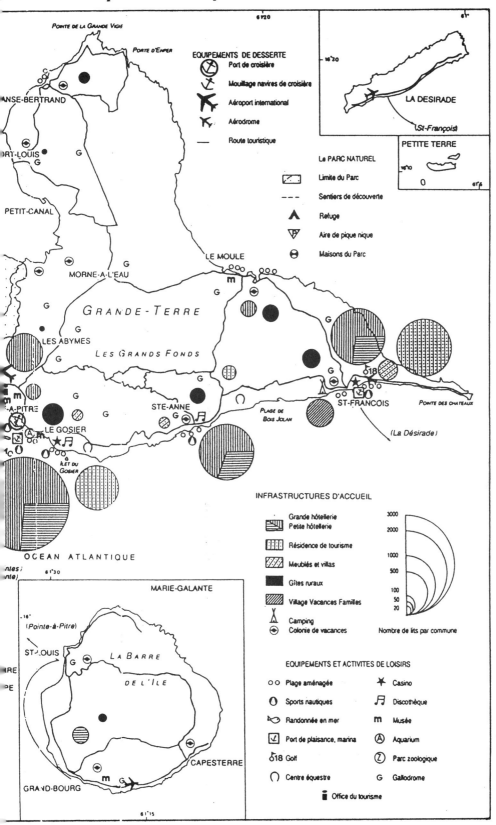

La mise en place de cet équipement hôtelier s'est faite par phases successives et le rythme de la progression n'a pas été le même selon les secteurs géographiques. Avant 1960, les hôtels touristiques étaient méconnus en Guadeloupe. Le "Grand Hôtel" de Pointe-à-Pitre était le seul établissement important et confortable mais il recevait surtout les hommes d'affaires ; son emplacement entre la ville et l'aéroport dans un environnement de cases vétustes, loin de la mer, ne convenait guère à une clientèle de vacanciers. Il n'a d'ailleurs pas résisté à la concurrence des nouveaux hôtels qui se sont construits au Gosier : il est devenu depuis le siège de la Chambre de Commerce et d'Industrie de Pointe-à-Pitre. Les hôtels de tourisme se limitaient alors à l'hôtel de la "Vieille-Tour" au Gosier qui comptait seulement 15 chambres, et l'hôtel de Vieux-Habitants sur la plage de l'Anse-Rocroy en Basse-Terre qui avait à peine 4 chambres !

TABLEAU 2 - **Le parc hôtelier de la Guadeloupe en 1987**

Locali-sation	Unités Chambres %	TYPES D'HOTELS					Total
		Hôtellerie de luxe			Petite et moyenne hôtellerie		
		4 étoiles de luxe	4 étoiles	3 étoiles	2 et 1 étoiles	Classement en cours	
Gde-Terre	Nb. un.	-	3	10	6	19	38
	Nb. ch.	-	651	1062	274	456	2443
	%	-	27	43	11	19	100
Basse-Terre	Nb. un.	-	-	-	1	6	7
	Nb. ch.	-	-	-	12	227	239
	%	-	-	-	5	95	100
Les Saintes	Nb. un.	-	-	1	1	5	7
	Nb. ch.	-	-	54	10	99	163
	%	-	-	33	6	61	100
Marie Galante	Nb. un.	-	-	-	-	3	3
	Nb.ch.	-	-	-	-	40	40
	%	-	-	-	-	100	100
St-Martin	Nb. un.	-	1	4	1	14	20
	Nb. ch.	-	85	321	8	813	1227
	%	-	7	26	1	66	100
St-Barthélémy	Nb. un.	2	-	4	3	13	22
	Nb. ch.	132	-	100	82	209	523
	%	25	-	19	16	40	100
TOTAL	Nb. un.	2	4	19	12	60	97
	Nb. ch.	132	736	1537	386	1844	4635
	%	3	16	33	8	40	100

Source : *Office du Tourisme de la Guadeloupe.*

L'équipement hôtelier n'a démarré en Guadeloupe qu'après 1960 sous l'impulsion des Pouvoirs Publics. Il s'agissait alors d'attirer la clientèle américaine proche de plus en plus nombreuse dans les îles Caraïbes. Les trois premiers hôtels ont été construits entre 1960 et 1970 : la "Caravelle" à Sainte-Anne, le "Fort-Royal" à Deshaies en 1963, puis en 1966 "les Alizés" au Moule. Par leur architecture, leur taille (80-130 chambres), leur luxe, ces nouvelles constructions surprenaient dans l'île et ces hôtels très isolés des villages, peu visibles, peu accessibles aux habitants, apparaissaient en fait comme des éléments étrangers au pays, des enclaves, qui éveillaient la curiosité. Ces établissements n'ont pas eu le succès commercial attendu. La Guadeloupe était encore peu connue, et surtout elle ne disposait pas de l'animation et des équipements de loisirs susceptibles d'attirer la clientèle américaine. Les deux premiers établissements ont été repris par la suite par le Club Méditerranée qui les a modernisés, dotés d'importants équipements de loisirs, cherchant à transformer ainsi le handicap de l'isolement en atout touristique. En 1986 le "Fort-Royal" a de nouveau fermé ses portes. Il est repris aujourd'hui par l'association Aquitaine-Loisirs-Tourisme. Le troisième hôtel a été vendu en copropriété en 1979. Il comporte aujourd'hui une partie résidentielle (résidences secondaires) et une partie hôtelière.

C'est à partir de 1971 que l'équipement hôtelier guadeloupéen se met véritablement en place. Durant les premières années le rythme des constructions a été très rapide. Entre 1971 et 1976, on assiste à la création de la "Riviéra Sud" de la Grande-Terre, qui s'organise autour de trois principaux pôles distants d'une quinzaine de kilomètres : Le Gosier à proximité de l'agglomération pointoise, Saint-François à l'autre extrémité de la côte, Sainte-Anne au milieu. En quelques années, les paysages de ces secteurs ont été complètement transformés. Les marécages et les mangroves de Bas-du-Fort, de Pointe de la Verdure et de Fort-Fleur d'Epée au Gosier ont été détruits et remplacés par un port de plaisance, une marina, des plages artificielles, des immeubles, des hôtels. Certaines plages ont été nettoyées, débarrassées de cases de pêcheurs qui ont été refoulés vers l'intérieur et remplacées par des hôtels avec piscines, tennis… Désormais l'accès à ces plages aménagées est devenu plus difficile, et dans certains cas un droit d'entrée est exigé (plage de la "Caravelle" à Sainte-Anne). Les champs de canne à sucre de Saint-François, ont fait place à un golf international de 18 trous ! En cinq ans le sud de la Grande-Terre a vu la construction de neuf nouveaux hôtels de luxe totalisant plus de 1 000 chambres, d'un village de vacances et l'agrandissement d'un hôtel existant. Mais la progression de la construction hôtelière n'a pas été la même dans les différentes stations.

Le Gosier est devenu la grande station touristique guadeloupéenne qui mérite bien son appellation «Le Gosier : berceau du tourisme». Ici l'essor de l'équipement hôtelier a été spectaculaire : 7 hôtels de luxe (3 étoiles), d'un total de 775 chambres ont été construits. Il s'agit d'établissements d'architecture moderne et fonctionnelle, disposant de nombreux équipements de loisirs : piscines, tennis, boîtes de nuit… Ils sont regroupés en deux ensembles en bord de mer, de part et d'autre de la Grande Baie : à l'Ouest, à Bas du Fort, à proximité de la marina, sur le site de Fort Fleur d'Epée ("Novotel" - Fort Fleur d'Epée : 91 chambres ; "Frantel" : 211 chambres), à l'est sur le site de Pointe de la Verdure ("Holliday Inn", 156 chambres, "Arawak" : 112 chambres, "Salako" : 120 chambres, "Callinago" : 41 chambres). Dans ces deux secteurs, le tourisme a pris possession de l'espace en quelques années. Un hôtel

("Ecotel", 44 chambres) a été réalisé un peu à l'écart, en bordure de la route reliant ces deux ensembles touristiques.

Saint-François est devenu un centre touristique de premier plan avec la construction du grand hôtel de luxe "Le Méridien" (227 chambres, 4 étoiles). Cet établissement imposant, doté de plusieurs restaurants, d'une piscine, de nombreuses boutiques, d'une agence bancaire, constitue à lui seul un véritable complexe touristique. Face à la mer, à l'intérieur d'un parc paysagé, ce nouveau bâtiment forme avec ses cinq étages un contraste saisissant avec le petit village traditionnel de Saint-François situé à quelques centaines de mètres. De l'autre côté du village, face à la plage des Raisins Clairs a été construit un ensemble touristique à caractère social destiné à la population locale : le "Village de Vacances-Familles" de Saint-François (VVF de Saint-François). Il se compose de bungalows dispersés dans un parc.

Sainte-Anne n'a pas connu les bouleversements des communes voisines ; elle est cependant devenue une station touristique importante, à la suite du rachat de la "Caravelle" par le Club Méditerranée qui l'a agrandie, modernisée et dotée d'importants équipements de loisirs. Cet établissement offre 300 chambres de grand luxe.

Sur la côte nord-est, à 15 kilomètres de Saint-François et de Sainte-Anne, **le Moule** s'affirme comme une véritable station balnéaire de luxe. La construction du "Copatel", grand hôtel de luxe (220 chambres, 4 étoiles) face à la baie du nord-est vient compléter l'hôtel des "Alizés" dont il se trouve séparé par le bourg. Cette station figure parmi les plus grandes de l'époque. Elle connaîtra des vicissitudes par la suite.

Ainsi au milieu des années 1970, la carte touristique de la Guadeloupe est dessinée dans ses grands traits : les trois grandes stations touristiques sont créées : Le Gosier, Sainte-Anne, Saint-François. La Grande-Terre concentre plus de 2000 chambres d'hôtels sur un total de 3000 disponibles dans l'ensemble de l'archipel.

Entre 1977 et 1980, on assiste à un très net ralentissement de la construction hôtelière qui correspond à une période de remise en question des choix antérieurs. Les nouvelles installations viennent simplement compléter ou achever les projets précédents. Ainsi, en 1978, apparaissent à Saint-François le "Hamak" et le "Trois Mâts", deux établissements dépendant du "Méridien", mais leur style est nouveau : le premier se présente sous la forme d'un village-hôtel de 28 villas dispersées dans un jardin, le second sous la forme de trois petits bâtiments d'un seul étage. Cet ensemble offre un total de 92 chambres de grand luxe. Au Gosier, l'hôtel "Callinago" a été agrandi de 140 chambres. Cependant, malgré ces récentes constructions, la capacité hôtelière de la Guadeloupe est la même que quatre années auparavant, en raison des fermetures partielles ou totales de certains établissements. En effet la grande hôtellerie traverse durant cette période de sérieuses difficultés : elle doit faire face à des problèmes de forte saisonnalité et au changement de clientèle. Les

Américains viennent moins nombreux, et les nouveaux vacanciers qui arrivent sont surtout composés de Métropolitains qui recherchent une hôtellerie différente, plus typique et meilleur marché. Le "Copatel" ferme en 1979, et "Les Alizés" sont vendus en copropriété. Le Moule n'est plus une station touristique !

Depuis le début des années 1980, l'équipement hôtelier a connu une évolution très nette marquée à la fois par une augmentation considérable du parc (plus de 50 %), par des changements dans le type et le style des constructions et par des implantations géographiques nouvelles.

Entre 1981 et 1988, le parc hôtelier guadeloupéen, s'est enrichi d'une trentaine d'établissements et de 1600 chambres. En fait il faut distinguer deux périodes. Jusqu'en 1985, la construction hôtelière, après trois années de difficultés, reprend lentement mais régulièrement. La progression est d'une centaine de chambres par an. En 1986 et 1987, le rythme s'est brusquement accéléré, 504 et 521 chambres ont été réalisées. Le mouvement se poursuit à l'heure actuelle. Cette relance s'explique par les différentes mesures de défiscalisation et d'incitation à l'investissement décidées en 1986.

En fait, ce sont surtout les îles du Nord qui connaissent depuis quelques années un essor prodigieux de la construction hôtelière. Au cours de ces quatre dernières années (1984-1988), sur l'ensemble de ces deux îles le nombre total d'hôtels est passé de 26 à 44 et celui des chambres a augmenté d'un millier.

Pourquoi cet essor récent et soudain de la construction hôtelière dans ces deux îles ? En plus des avantages liés à l'investissement concernant l'ensemble de l'archipel, Saint-Martin et Saint-Barthélémy bénéficient de privilèges fiscaux et douaniers dûs à leur statut de ports francs. De par leur situation, au milieu des îles américaines très fréquentées par les touristes, elles sont bien connues de cette clientèle. Enfin, la présence de l'aéroport international Juliana à Philipsburg, désormais desservi par des lignes régulières et directes en provenance des grandes villes nord-américaines, européennes et métropolitaines, a permis ce développement.

Saint-Martin, rattrappant son retard par rapport à la partie hollandaise de l'île, est devenue l'une des plus grandes stations de l'archipel, la plus équipée sur le plan hôtelier puisqu'elle a dépassé la célèbre et ancienne station du Gosier. Alors qu'en 1980 l'île comptait 7 hôtels et 414 chambres (deux grands hôtels de luxe ; Le "Samana", 130 chambres 4 étoiles, le "PLM Saint-Tropez", 120 chambres 3 étoiles ; 3 hôtels de taille moyenne de 40 à 50 chambres, et deux petits d'une dizaine de chambres), elle dispose aujourd'hui de 21 hôtels et de 1383 chambres. Sa capacité hôtelière a plus que triplé au cours de ces dernières années ! Deux grands hôtels de luxe ont été construits : Le "Créole Beach" (156 chambres) sur la pointe de la baie de Nettlé entre le lagon et la mer, sous forme de petits bâtiments entourés d'un parc, l'"Habitation de Longvilliers", prestigieux établissement de 156 chambres, d'architecture d'inspiration créole isolé dans un parc de 60 ha face à la baie de

Saint-Marcel. Un petit hôtel d'une dizaine de chambres, "Le Pirate", a été par ailleurs agrandi de 95 chambres. Six hôtels de 40 à 80 chambres ont été réalisés : le "Grand Case Beach Club" (74 chambres) à Grand Case, le "Club Orient" (61 chambres) club naturiste dans un site isolé sur la baie orientale, le "Coralita Beach Club" (40 chambres) à l'Anse Marcel, l'hôtel "Royal Beach" (80 chambres) et l'hôtel "Royale Louisiana" (75 chambres) au centre de Marigot, ainsi que six autres hôtels plus petits (moins de 40 chambres).

Les constructions hôtelières qui occupent de vastes espaces, car bien souvent elles sont aménagées dans des parcs en bordure de mer avec divers équipements (piscines, tennis, commerces, marina parfois) posent de plus en plus de problèmes sur le plan foncier, et menacent sérieusement l'environnement naturel. Actuellement des aménagements touristiques sont réalisés sur les cordons littoraux fragiles séparant la mer du lagon (notamment sur la Baie de Nettlé) ou grâce à des opérations de remblaiement qui permettent de gagner du terrain sur la mer (Anse Marcel). Ces constructions soulèvent l'indignation et la contestation de certains Saint-Martinois ; le recul de la végétation naturelle, la dégradation de certains sites risquent à terme de compromettre le tourisme lui-même.

L'île voisine de **Saint-Barthélémy** s'est aussi imposée durant cette période comme une grande station touristique. Elle a connu une progression de l'équipement hôtelier mais dans des proportions moindres et sous des formes différentes. Cette petite île de 21 kilomètres carrés ne comptait en 1980 qu'une dizaine de petits hôtels et seulement deux hôtels plus importants : le "P.L.M. Jean Bart" (50 chambres, 2 étoiles) et le "Saint-Bart Beach Hôtel" (36 chambres, 3 étoiles), soit un total de 227 chambres. Depuis cette date, 11 hôtels ont été créés, portant à 523 chambres la capacité hôtelière qui a plus que doublé au cours de ces dernières années ! Ici ce sont surtout des établissements de moyenne et petite tailles qui ont été construits selon la volonté des autorités locales : 3 hôtels d'une vingtaine de chambres, 7 de moins de 12 chambres, ainsi que deux hôtels plus importants et de grand luxe : le "Manapany" (52 chambres, 4 étoiles) à l'Anse des Cayes et le "Guanahani" (80 chambres, 4 étoiles) sur le cordon littoral face à l'Anse du Grand-Cul de Sac. Dans l'ensemble, l'architecture de ces constructions a assez bien respecté le style original de l'île. Ce sont surtout des petits bâtiments sous forme de villas, cottages, bungalows... Ces hôtels sont dispersés en bordure des nombreuses baies et anses du littoral nord, avec cependant une concentration autour de la baie de Saint-Jean, à proximité de l'aéroport, et sur le cordon littoral du Grand-Cul de Sac qui forment deux véritables stations touristiques. Par contre le littoral sud reste une zone protégée sans construction touristique. Enfin, ces réalisations récentes, pour la plupart luxueuses, destinées à une clientèle riche, ont donné à Saint-Barthélémy l'image d'une destination touristique pour privilégiés.

Ailleurs les changements ont été moins frappants. Aux **Saintes,** l'île de Terre-de-Haut qui comptait en 1980 trois petits hôtels de 10 à 20 chambres, de confort modeste, et qui était alors surtout un lieu d'excursions, est devenue avec la construction en 1985 de l'hôtel "Los Santos" (54 chambres, 3 étoiles) aujourd'hui rattaché au groupe PLM-Azur, une station touristique de séjour, qui s'est enrichie depuis d'un nouveau petit hôtel d'une dizaine de chambres. Sur le "continent", l'équipement hôtelier a progressé modérément. Il s'est surtout diversifié, grâce au développement de la petite et de la moyenne hôtellerie.

En **Grande-Terre**, il s'agit d'une dizaine de petits hôtels représentant un total de 250 chambres. Ce sont surtout de petits établissements de type familial qui ont été implantés soit à proximité des stations touristiques, soit plus à l'intérieur du pays. Ainsi, au Gosier, cinq petits hôtels d'une dizaine de chambres ont été réalisés à l'extérieur de la station, comme le "Cap Sud Caraïbe" dans la section du Petit-Havre, ou le "Marie Gaillarde" à Mare Gaillard. Par contre à Sainte-Anne, deux hôtels de taille moyenne "Le Rotabas" (44 chambres, 2 étoiles, et le "Toubana" (36 bungalows, 3 étoiles) ont été construits à proximité de la plage de la Caravelle et du Club Méditerranée, un autre plus petit face à la Grande plage. Il y a eu seulement trois réalisations du type grande hôtellerie, dont deux sont venus compléter les ensembles touristiques de Gosier-Bas-du-Fort et de Saint-François : le "Village Viva" face à la marina de Bas-du-Fort, formé de huit villas de style créole, et le "Golf Marine Club" (74 chambres, 3 étoiles) d'architecture d'inspiration caribéenne et enfin le troisième "Les Relais Bleus du Raizet" à proximité de l'aéroport.

La **Basse-Terre**, faiblement pourvue en hébergements touristiques, n'a pas beaucoup profité de ce mouvement. Cependant, quelques petits hôtels ont été construits ; deux dans un style nouveau, sur les hauteurs, dans la verdure et la fraîcheur : "L'Auberge de la Distillerie" dans une ancienne distillerie à Vernou-Petit-Bourg sur la route des Deux Mamelles, et le "Coucou des Bois" à Montebello-Petit-Bourg ; un troisième "Le Grand'Anse Hôtel" (16 chambres) à Trois-Rivières, point de départ et d'arrivée des excursions en bateau vers les Saintes. Le "Fort-Royal" à Deshaies, après une période de fermeture, a de nouveau été ouvert à la suite de son rachat par Aquitaine-Loisir-Tourisme. La Basse-Terre, malgré son potentiel touristique, ne dispose pas encore d'un équipement hôtelier suffisant. Elle reste une région d'excursions.

L'évolution récente de la construction hôtelière a sensiblement modifié les données touristiques de la Guadeloupe. L'élément le plus frappant est la forte progression de l'hôtellerie dans les îles du Nord. Saint-Martin a rattrapé et légèrement devancé le Gosier qui fut longtemps la première station de l'archipel, Saint-Barthélémy a rejoint par sa capacité hôtelière les stations déjà connues de Saint-François et de Sainte-Anne. Enfin l'île de Terre-de-Haut aux Saintes est devenue une petite station touristique de séjour. En considérant les stations du point de vue de leur capacité d'hébergement hôtelier on peut établir le classement suivant :

— deux stations dominent largement, avec plus de 1300 chambres chacune : Saint-Martin (1383 chambres, 21 hôtels), suivie de près par le Gosier (1331 chambres, 20 hôtels),

— un groupe de trois stations, disposant chacune d'un demi-millier de chambres : Saint-François (563 chambres, 6 hôtels), suivie de près par Saint-Barthélémy (523 chambres, 21 hôtels), puis Sainte-Anne (454 chambres, 8 hôtels),

— deux ensembles plus modestes, comportant un peu plus de 150 chambres d'hôtels : Terre-de-Haut (163 chambres, 7 hôtels), Deshaies (153 chambres, 1 seul établissement).

Le taux de fonction hôtelière[1] nous permet de situer la place que cette forme de tourisme a prise dans les secteurs géographiques et dans le contexte humain.

Comme le montre le tableau n° 3, ce sont les Dépendances qui arrivent en tête : Saint-Barthélémy (près de 40 %), Saint-Martin et Terre-de-Haut (plus de 20 %). Ces taux expriment l'importance que le tourisme a pris dans le genre de vie de ces petites îles. Par contre, au Gosier, à Saint-François, et surtout à Sainte-Anne, ils sont moins élevés, (respectivement 17,2 %, 14,7 %, 6,5 %).

FIGURE 3 - **Le taux de fonction hôtelière de la Guadeloupe**

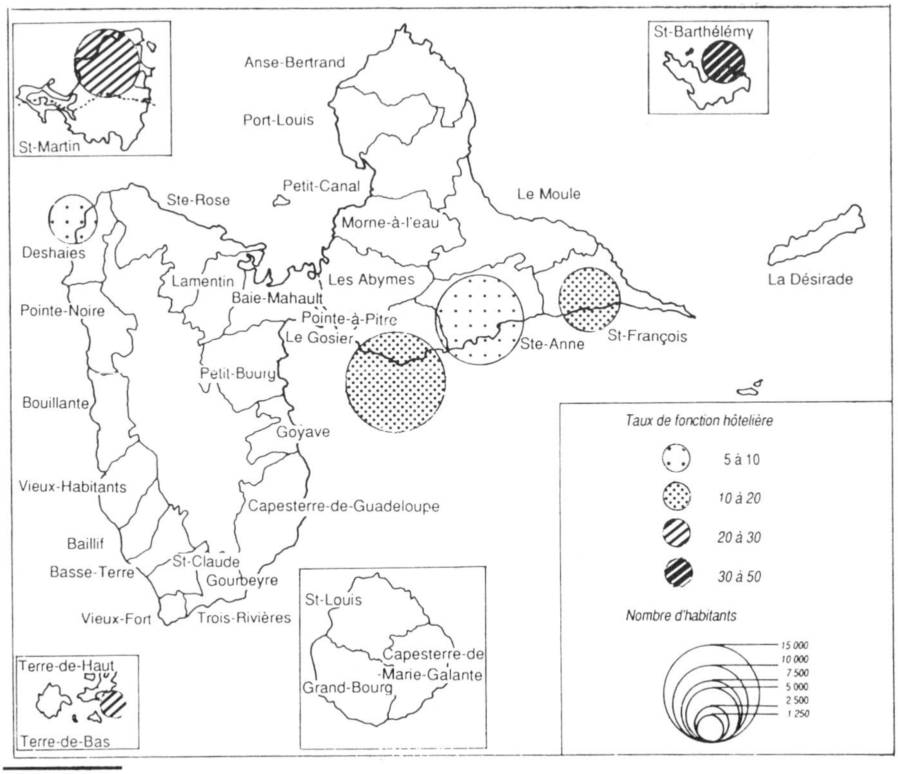

---

(1) Nombre de lits d'hôtel pour cent habitants (par commune).

TABLEAU 3 - Le taux de fonction hôtelière des principales stations en 1988

COMMUNES	Nbre de lits	Population 1982	Taux de fonction hôtelière (%)
St-Barthélémy	1 046	3 059	41
Saint-Martin	2 766	8 072	25,4
Terre-de-Haut	326	1 474	22,11
Le Gosier	2 660	15 306	17,2
Saint-François	1 026	6 972	14,7
Deshaies	306	3 485	8,7
Sainte-Anne	908	13 826	6,5

Cette période a été également marquée par une diversification avec le développement de la petite hôtellerie de type familial plus dispersée géographiquement. Sur le plan architectural on observe des changements, les nouvelles réalisations paraissant s'intégrer davantage au milieu : elles sont de petite taille, dispersées dans des jardins fleuris, et leur style s'inspire de la case traditionnelle ; leur plan est mieux adapté au climat, le bois est largement utilisé comme matériau de construction.

Aujourd'hui deux types d'hôtellerie bien distincts cohabitent : une hôtellerie de luxe, et une petite et moyenne hôtellerie. Le tableau n° 2 nous donne sa répartition géographique.

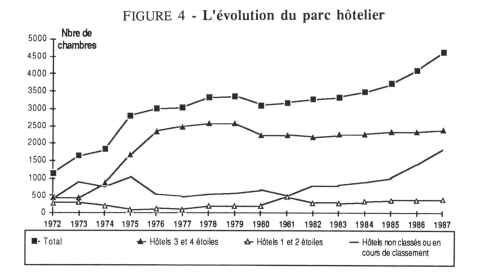

FIGURE 4 - L'évolution du parc hôtelier

L'hôtellerie de luxe, qui comprend les hôtels 4 étoiles luxe, 4 étoiles et 3 étoiles, représente aujourd'hui 52 % de la capacité hôtelière de la Guadeloupe. Par le passé, elle était beaucoup plus importante (68 % en 1982).

Dans cette catégorie, il faut distinguer l'hôtellerie de grand luxe (4 étoiles luxe et 4 étoiles) qui compte 868 chambres et six établissements bien répartis dans les différentes stations. Quatre d'entre eux sont déjà anciens, il s'agit de la "Vieille Tour" au Gosier, du Club Méditerranée "La Caravelle" à Sainte-Anne, du "Méridien" à Saint-François, et de la "Samana" à Saint-Martin, deux ont été construits plus récemment à Saint-Barthélémy : le "Manapany" et le "Guanahani", ces deux derniers étant les plus luxueux de l'archipel (4 étoiles luxe). Mais c'est l'hôtellerie du type 3 étoiles qui domine, elle regroupe à elle seule le tiers de l'hébergement hôtelier, et totalise plus de 1500 chambres réparties dans 19 établissements fortement représentés dans la station du Gosier. Un grand nombre ont été réalisés entre 1973 et 1976. Ces hôtels de luxe correspondaient à des choix précis. Il s'agissait au début des années 1970, d'attirer la clientèle nord-américaine aisée, et de donner à la Guadeloupe une image de marque pour assurer sa promotion. De plus cette catégorie d'hôtels était considérée comme la plus créatrice d'emplois.

Ces établissements appartiennent à des chaînes internationales ou métropolitaines. Actuellement, six appartiennent en groupe P.L.M.-AZUR-Pulmann international ("L'Auberge de la Vieille Tour", le "Marissol", le "Callinago", le "Village Soleil" au Gosier, le "Jean-Bart" à Saint-Barthélémy, le "Saint-Tropez" à Saint-Martin, et "Los Santos" à Terre-de-Haut aux Saintes) ; trois au groupe Relais Bleus ("Relais Bleus de la Soufrière", "Relais Bleus du Raizet", "Relais Bleus" des Saintes) un au groupe Novotel, un au Club Méditerranée, ("La Caravelle"), un à Air-France ("Le Méridien")... Depuis peu, deux des grands hôtels (Le "Salako", et le "Créole Beach Hôtel") ont été repris et sont gérés par un groupe local : le groupe Leader.

D'une manière générale tous ces établissements se ressemblent. Ils se présentent sous la forme de grands immeubles, d'architecture anonyme, et de grand confort. Ils disposent de salons de télévision, de boutiques, de restaurants, de bars, de tennis, d'une piscine, parfois d'une boîte de nuit. Ils sont situés en bord de mer, le dos tourné au village. Ils forment des ensembles étrangers au pays par leur style et leur architecture. Toutefois depuis quelques années on remarque quelques concessions au style local. Les boutiques intérieures vendent davantage de produits du pays, les bars offrent des jus de fruit locaux, les restaurants proposent des spécialités créoles. On constate dans les constructions les plus récentes la recherche d'une meilleure intégration dans l'environnement et le style architectural de l'île. La présentation de ces hôtels dans les catalogues des agences de voyages a d'ailleurs sensiblement évolué. Autrefois on insistait surtout sur le confort, les équipements étaient minutieusement décrits ; aujourd'hui on fait davantage référence à d'autres éléments comme la proximité d'un village, la présence "d'une végétation

Planche 3

Plage aménagée au Gosier

La Riviera au Gosier

exotique autour de l'hôtel" ; sur les photographies les immeubles à étages ne sont plus mis en évidence, et les descriptions soulignent plutôt l'aspect individualisé des bâtiments.

La moyenne et petite hôtéllerie occupe aujourd'hui une place bien réelle dans l'hébergement touristique, puisqu'elle représente la moitié (48 %) de la capacité hôtelière. L'archipel comporte 12 établissements 1 ou 2 étoiles et 60 non classés, offrant un total de 2230 chambres. Il s'agit d'établissements de petite taille. Ils sont très nombreux dans les communes du Gosier, de Saint-Barthélémy et de Saint-Martin. Mais ils sont aussi répartis sur l'ensemble de l'archipel et à l'écart des stations touristiques, par exemple à Anse-Bertrand, à Petit-Bourg, à Basse-Terre, à Marie-Galante, à La Désirade... Cette hôtellerie existait avant 1970, mais les établissements étaient souvent vétustes, sans confort ; pendant quelques années elle a stagné voire reculé, les hôtels les plus inadaptés ont fermé ; d'autres se sont modernisés. Cette hôtellerie a été négligée pendant longtemps par les pouvoirs publics et n'a pas bénéficié des avantages financiers et fiscaux de l'hôtellerie de luxe. C'est seulement à partir de 1976, et surtout depuis ces cinq dernières années qu'on constate un progrès dans la construction de ce type d'établissement (en 1983, ils ne représentaient que le tiers du parc hôtelier). Aujourd'hui la petite hôtellerie s'est imposée comme la nouvelle formule d'hébergement ; elle bénéficie d'un véritable succès commercial. Cette percée correspond à l'évolution des goûts de la clientèle, et surtout à l'action dynamique des propriétaires. Ces hôtels, pour la plupart, relèvent d'une gestion familiale. Ils sont situés à proximité ou dans les stations balnéaires, mais aussi dans des bourgs, ou bien à la campagne comme par exemple "L'Auberge de la Distillerie", ou le "Coucou des Bois" à Petit-Bourg. Généralement ces hôtels sont bien intégrés dans l'environnement. Ils proposent une cuisine traditionnelle. Les catalogues des agences de voyages les présentent comme des formules originales, "authentiques", "profondément antillaises". Les descriptions insistent sur leur situation ; ainsi dans "*Rev-Antilles, été 1987*" on peut lire :

"dans un cadre de fraîcheur verdoyante", "enfouis dans la végétation", "situé au coeur d'un village de pêcheurs", "situé dans l'arrière-pays au milieu de la population, de son rythme quotidien, de ses traditions". L'ambiance familiale, le rôle de la maîtresse de maison sont souvent évoqués.

Parallèlement à cette diversification de l'hôtellerie les autres modes d'hébergement touristiques se sont développés.

Les autres formes d'hébergement

Elles se composent des résidences de tourisme, des meublés, des campings, des gîtes ruraux, des chambres d'hôtes et d'un village de vacances de type social. Les résidences secondaires et l'hébergement gratuit chez les parents et les amis sont mal connus.

Les résidences de tourisme. Les résidences de tourisme ou résidences hôtelières, ou condominium, sont des établissements d'hébergement touristique classés, comportant un minimum d'équipements et de services, composés de chambres, studios, appartements, villas, meublés, d'une capacité minimum de 100 lits, placés sous le régime de la copropriété. Par leur style et leur localisation ils sont à rapprocher de la grande hôtellerie à laquelle ils sont parfois liés. Ce mode d'hébergement, relativement récent en Guadeloupe, s'est développé à partir du début des années 1980, pour répondre à l'évolution de la clientèle à la recherche de formules plus souples que l'hôtellerie classique, permettant un séjour en famille, entre amis et d'un coût moins élevé. Ce type de réalisation s'est très vite répandu dans les stations de la Grande-Terre, à Saint-François ("Marines de Saint-François", "Résidence des Boucaniers" "Résidence du Lagon", autour de la marina, "Résidence Karukéra" (44 villas) à quelques kilomètres en direction de la Pointe des Châteaux) ; au Gosier ("P.L.M.-village Soleil", "Le Madrépore", "Sprim Résidence Porte des Caraïbes") ; à Sainte-Anne ("Jaracanda"),... Actuellement ce type de réalisation se développe dans les Dépendances : aux Saintes ("Résidence de Tourisme Marigot"), à Saint-Barthélémy ("Les Jardins de Saint-Barth"), et tout particulièrement à Saint-Martin, où plusieurs résidences sont en cours de construction et proposées à la vente : la "Résidence d'Oyster-Pond", formée de petites villas construites autour d'une piscine, dans un parc, face à la mer à la limite de la partie hollandaise de l'île ; la "Résidence de la Lagune" composée de cinq petits immeubles autour d'une piscine, sur le cordon littoral de la baie de Nettlé. Ces opérations, comparables aux complexes hôteliers posent les mêmes problèmes d'aménagement et d'environnement. Le grand succès de ces formules depuis deux ans, tient aux nouvelles dispositions qui ont été prises par arrêté ministériel en 1987 selon lesquelles les résidences de tourisme bénéficient désormais d'incitations financières et fiscales importantes.

Les meublés de tourisme. Ce mode d'hébergement a connu une progression spectaculaire depuis trois ou quatre années. Autrefois, quasi-inexistant, il regroupe actuellement 20 % de la capacité de l'hébergement touristique. Il s'agit d'appartements, de villas, indépendants, appartenant à des particuliers qui les louent à des touristes. Ils se sont regroupés en 1985 dans une association, l'A.V.M.T. (Association des Villas et Meublés de Tourisme) qui dispose de plus de 300 villas (soit 900 chambres) réparties sur l'ensemble de l'archipel avec une forte concentration dans la région de Saint-François (une trentaine de villas). Pour la plupart, il s'agit de résidences secondaires louées pendant les vacances, mais de plus en plus, des investisseurs s'intéressent à ces formules, projettent de nouvelles constructions, aidés par des prêts intéressants et conseillés par les architectes du C.A.U.E. (Conseil d'Architecture d'Urbanisme et d'Environnement). L'île de Saint-Barthélémy comporte 250 villas qui sont gérées par deux agences !

Les gîtes ruraux et chambres d'hôtes. Cette formule d'hébergement touristique originale est déjà ancienne en Métropole. Il s'agit de maisons ou d'appartements aménagés dans des maisons, loués à la semaine, appartenant à des propriétaires ou des communes. Ils doivent leurs spécificités à leur affiliation à la Fédération Nationale des Gîtes de France. Leur aménagement et leur équipement qui doivent être conformes à la charte des Gîtes Ruraux de France sont aidés et subventionnés par l'Etat et le Conseil Général. L'Association Guadeloupéenne des Gîtes ruraux a été créée en 1972. A cette époque l'archipel comptait une dizaine de gîtes seulement ; en 1980 il y en avait une centaine et aujourd'hui il en existe 178 offrant un total de 273 chambres, ainsi que 41 chambres d'hôtes. Ces gîtes sont répartis sur le "continent", avec cependant une forte implantation dans les secteurs touristiques du sud de la Grande-Terre. On en compte en effet 42 au Gosier, 31 à Saint-François, 19 à Sainte-Anne. Cependant, on observe une nette progression du nombre de gîtes dans les autres communes, en particulier parmi celles qui disposent de belles plages ; ainsi à Deshaies il y en a 21, au Moule, 22 ! La plupart sont des gîtes privés, chez des particuliers, réalisés souvent dans des maisons devenues trop grandes. A l'heure actuelle cette formule est encore peu répandue dans les Dépendances.

Le camping tient une place très faible dans l'hébergement touristique guadeloupéen. Le seul terrain de camping aménagé est celui des "Sables d'Or" sur la plage de Deshaies. Il est équipé de sanitaires, de cuisines et salle à manger communes, de quelques boutiques, et d'un restaurant ; on peut y louer des tentes. Cette formule d'hébergement est peu commercialisée par les agences de voyages, à quelques exceptions près comme "Nouvelles Frontières". Certes ce mode d'hébergement est particulièrement économique mais d'intérêt limité dans cette île vu le coût du voyage qui sélectionne la clientèle. Par ailleurs, ce type de tourisme était considéré par les décideurs et aménageurs comme peu intéressant sur le plan économique et social car il assurait de faibles retombées économiques, les campeurs étant souvent des touristes à pouvoir d'achat limité. De plus, il créait peu d'emplois. Toutefois, le camping est possible dans l'archipel, il suffit de demander l'accord aux propriétaires des terrains privés, ou bien aux mairies. On remarque depuis quelques années le développement du camping sauvage, pratiqué par les familles guadeloupéennes sur quelques plages de la "Riviéra Sud".

Le Village Vacances-Familles de Saint-François est un centre de vacances de type associatif à vocation sociale, créé en 1975 sur un terrain cédé par la commune et financé par la SODEG, filiale de la Caisse des Dépôts et Consignations. Ce centre, rattaché au groupe VVF de France est destiné à une clientèle familiale à revenus modestes. Il s'adresse prioritairement aux vacanciers de l'île. Il se compose de petits bâtiments dispersés dans un parc à

Planche 4

Résidence de tourisme inspirée de l'architecture locale

Case traditionnelle

proximité de la plage des Raisins Clairs. Ce village, qui disposait de 40 logements transformables en 80 studios, a été agrandi en 1977 de 20 logements supplémentaires.

Les résidences secondaires sont très dispersées sur l'ensemble des communes de l'archipel. Elles appartiennent principalement à des Guadeloupéens qui les utilisent pour les vacances. Quelques villas luxueuses ont été achetées par de riches Américains ou Européens notamment à Saint-Martin, à Saint-Barthélémy.

L'hébergement gratuit chez les parents et les amis, par nature très dispersé, échappe à toute statistique. Or, cette forme d'hébergement revêt une grande ampleur, à la fois sur le plan numérique et économique, et répond à la tradition d'hospitalité qui caractérise les Guadeloupéens.

Pour accueillir, attirer et retenir les touristes, il ne suffit pas de leur offrir le logement, il faut aussi les distraire. La mise en place de l'hébergement touristique s'est accompagnée de la création ou du développement d'équipements de loisirs et d'entreprises complémentaires diverses.

LES ACTIVITÉS ET LES ÉQUIPEMENTS COMPLÉMENTAIRES

Aujourd'hui la Guadeloupe offre aux touristes et aux habitants des équipements et des activités de loisirs très importants dont un grand nombre se sont mis en place au cours de ces quinze dernières années. Avant l'arrivée du tourisme il y avait bien dans l'île des restaurants, des cafés, des commerces, quelques salles des fêtes, des terrains de sports, mais ces équipements étaient à la mesure des besoins locaux. Il existait aussi des fêtes et des manifestations traditionnelles.

Les distractions et les équipements sportifs liés au tourisme

Dans les complexes hôteliers, comme nous l'avons évoqué, des équipements d'un genre nouveau dans l'île sont apparus : piscines, tennis, plages artificielles équipées de parasols, de chaises longues, matériel de plongée sous-marine, pédalos, planches à voile... A l'intérieur des établissements ont été aménagés des bars, des restaurants, des salons de télévision, des salles de lecture, des boutiques... De nombreuses animations y sont proposées : soirées dansantes, dîners en musique, soirées à thème telles que "nuit antillaise", "soirée corsaire", "soirée cabaret", "soirée italienne". Les petits hôtels qui en principe ne disposent pas de tels équipements proposent des soirées où des troupes folkloriques et des groupes musicaux se produisent.

A proximité de ces complexes hôteliers d'importants équipements ont été réalisés pour distraire les touristes. Par exemple dans la station de Saint-François à proximité des hôtels "Méridien", "Trois-Mâts", "Hamak" ont été construits un casino, un golf international s'étendant sur plusieurs hectares, un port de plaisance comportant un bassin de trois hectares, des galeries marchandes luxueuses. A quelque distance de là un aérodrome privé a été aménagé. Au Gosier, un casino a été ouvert dans l'ensemble touristique de Pointe de la Verdure et un très important port de plaisance a été créé à Bas-du-Fort. Ce port, qui peut accueillir six cents bateaux, jouit d'une réputation internationale car il sert d'étape ou d'arrivée pour de grandes courses transocéaniques de navigation à voile ; il comporte une marina avec de nombreuses boutiques, des commerces spécialisés, des restaurants... Un autre port de plaisance a été aménagé sur la Côte-Sous-le-Vent en Basse-Terre, à Rivière-Sens.

Dans l'île de Saint-Martin, deux marinas ont été réalisées dans la partie française, à Marigot et à l'Anse Marcel face au complexe hôtelier de l'"Habitation de Lonvilliers". Dans la partie hollandaise, sept hôtels possèdent un casino, et Philipsburg, la capitale, dispose d'un golf de 18 trous et d'une marina.

Les boîtes de nuit se sont beaucoup développées avec le tourisme, en particulier le long de la "Riviéra Sud". En 1980, on en comptait en effet dix au Gosier, une à Sainte-Anne, deux aux Abymes dans l'agglomération pointoise, une seule sur la Basse-Terre à Baillif, alors que dix ans plus tôt il y en avait seulement deux dans l'île.

Les équipements et activités de loisirs et de sport, localisés principalement dans les complexes touristiques, il y a quelques années, se sont étoffés et diversifiés. Les équipements de sports nautiques sont les plus nombreux. A côté des agences de location de bateaux de plaisance (anciennes à Bas-du-Fort, plus récentes dans les marinas de Saint-François et de Saint-Martin) se sont créés des clubs de voile et de planche à voile, sur les plages publiques de Sainte-Anne, de Trois-Rivières... Un centre U.C.P.A. (Union des Centres de Plein Air), spécialisé dans la pratique de la planche à voile et du golf a été installé à Saint-François. Trois centres de plongée sous-marine se sont créés à proximité de la "Réserve à Cousteau" (à Malendure et à Bouillante), ainsi que quatre clubs de pêche en haute mer.

Des randonnées et promenades touristiques, permettent de découvrir la Guadeloupe :

— promenades en mer, à bord d'un bateau à fond de verre à partir de Bas-du-Fort et de Malendure,

— randonnées en montagne avec les "Guides de Montagne de la Caraïbe",

— randonnées à cheval dans les centres équestres de Saint-Félix au Gosier, et de Sainte-Anne,

— loisirs et sports aériens dans les aéro-clubs du Raizet et de Saint-François.

D'autres activités, ont été créées : un bowling et un squash à Bas-du-Fort.

Les équipements valorisant le patrimoine naturel et culturel

Le Parc Naturel de la Guadeloupe a été mis en place en 1970 par le Conseil Général pour sauvegarder un espace privilégié de la nature, pour accueillir les visiteurs habitants et touristes et pour relancer les activités traditionnelles et l'artisanat manuel : ébénisterie, vannerie, sculpture. Il est géré par l'Office National des Forêts. Il fait depuis quelques années l'objet d'une demande de classement en Parc National. Il comprend deux ensembles : une partie marine qui couvre le triangle Ilet à Pigeon - Pointe Mahault - Malendure dans laquelle la pêche sous-marine est interdite, et que l'on visite à bord d'un bateau spécialement équipé pour voir les fonds marins ("Le Nautilus"). Deux centres de plongée sous-marine ont été aménagés sur l'Ilet à Pigeon et à Malendure. Cette réserve est devenue un des hauts lieux du tourisme. Il est prévu d'y construire une "Maison de la Mer". Une partie du Grand-Cul-de-Sac Marin avec sa bordure littorale appartient au Parc. La partie terrestre est bien plus importante : elle recouvre une large partie du massif forestier de la Basse-Terre qui a été aménagé. Des "traces" entretenues, balisées de panneaux permettent des randonnées de plusieurs niveaux où des refuges peuvent accueillir les marcheurs. Un sentier fait le tour du sommet de la Soufrière : il permet de découvrir le volcan, ses paysages lunaires souvent noyés dans les nuages, ses anciennes fractures réactivées en 1976. Les grandes traces, "Victor Hugues" et "Merwart", offrent trois heures de marche à travers la forêt dense de type équatorial. Plus à l'ouest la "trace des crêtes" qui relie en cinq heures la "Route de la Traversée" à Bouillante domine la mer des Caraïbes. A partir des Chutes du Carbet une trace conduit en cinq heures à la Soufrière. De courtes promenades, très pratiquées par les touristes, conduisent aux Chutes du Carbet, à l'Etang Zombi, au Grand Etang, ou à la Cascade aux Ecrevisses... Dans le nord du massif, la "trace des Contrebandiers", la "trace Sofaïa Baille Argent" et la "trace du Piton Belle Hôtesse" sillonnent la forêt sèche. Tous ces sentiers aménagés permettent la découverte de paysages variés allant de la forêt très dense à la forêt sèche. Des circuits à caractère pédagogique initient les promeneurs à la connaissance des différentes espèces végétales et du milieu forestier. Cette initiative rencontre un vif succès auprès des enseignants et des scolaires de l'île. Sur certains points de ces circuits des aires de pique-nique ont été aménagées.

Des réalisations originales, les "Maisons du Parc", visent à informer les visiteurs sur le milieu naturel et culturel de la Guadeloupe.

Le Parc Archéologique des Roches Gravées, à Trois-Rivières, ouvert en 1975, retrace l'histoire de la civilisation Arawak à travers les quelques vestiges retrouvés et classés monuments historiques.

La **"Maison de la Forêt"**, sur la route de la Traversée, ouverte en 1976, présente et explique la richesse botanique de ce secteur.

"La Grivelière Maison du Café", située à Vieux-Habitants dans une ancienne plantation du XVIIIe siècle, est un lieu d'information sur cette culture en même temps qu'une fabrique du café selon les techniques anciennes.

La **"Maison du Bois"**, à Pointe Noire, est un lieu d'expositions sur les meubles de style local. C'est aussi un centre de formation et de fabrication selon les techniques et le style traditionnels.

La **"Maison du Volcan"**, située au Fort Saint-Charles, est un centre d'exposition sur le volcanisme et l'éruption de la Soufrière.

Le Parc Naturel connaît un très grand succès auprès des habitants de l'île qui ont pris l'habitude de s'y promener, et des touristes qui viennent y faire une excursion. Depuis quelques années ce patrimoine semble mieux exploité ; des séjours sont organisés sur des thèmes nouveaux tels que "randonnée pédestre d'une crête à l'autre, à travers monts et volcan" (*Rev. Antilles, Hiver 1986-1987*).

Aujourd'hui, la Guadeloupe n'est plus uniquement une île bordée de plages de sable fin, c'est aussi une montagne forestière originale qui attire des vacanciers curieux à la recherche de l'insolite.

Des efforts considérables ont été réalisés également pour la valorisation du patrimoine culturel et historique avec la mise en valeur de vestiges et la création ou la réhabilitation de musées :

Les Musées. Le Musée Schoelcher, dédié au héros de l'abolition de l'esclavage, dispose d'un fond hétéroclite concernant l'histoire de la Guadeloupe. Créé en 1887, il a été rénové en 1984. Il est situé dans une ancienne maison coloniale à Pointe-à-Pitre. Le Musée Fort Fleur d'Epée, au Gosier, l'un des plus visités de la Guadeloupe, est en cours d'aménagement. Ce fort a été érigé par les Anglais lors de la guerre de sept (1756-1763) puis achevé par les Français. Le Musée du Fort-Saint-Charles, à Basse-Terre, classé monument historique, présente l'histoire de la Guadeloupe, les arts et traditions populaires de la Côte-sous-le-Vent.

De nouveaux musées ont été créés récemment. En 1979, un Ecomusée à Marie-Galante a été aménagé dans le domaine de l'Habitation Murat, sur les ruines d'une ancienne sucrerie, ses collections portent sur le thème des arts et traditions populaires de l'île. En 1984, a été inauguré au Moule le Musée Edgar Clerc qui contient une importante collection archéologique provenant des fouilles proches du Moule, et qui présente une exposition sur l'histoire précolombienne. En 1986 a été ouvert le Musée Saint-John Perse, à Pointe-à-Pitre, dans une ancienne maison coloniale. Des documents sur l'oeuvre et la vie de l'écrivain y sont exposés.

Il existe aussi quelques réalisations privées : un aquarium à Gosier Bas-du-Fort, un parc zoologique et botanique sur la route des Deux Mamelles, un musée international du coquillage à Saint-Barthélémy.

Les restaurants

La Guadeloupe compte aujourd'hui plus de 400 restaurants déclarés, mais en réalité ils sont beaucoup plus nombreux si l'on considère tous ceux qui existent réellement. Leur nombre est exceptionnel le long de la "Riviera-Sud". Il y en a une quinzaine autour de la marina Bas-du-Fort, une trentaine dans le bourg du Gosier, une dizaine dans les secteurs de Dampierre, de Saint-Félix, et au Petit-Havre ; une quinzaine autour de Sainte-Anne, et une trentaine dans le secteur du Saint-François et la Pointe des Châteaux. De nombreux restaurants se sont installés le long des circuits touristiques, et certains se sont spécialisés dans l'accueil des groupes. Dans les autres communes et les Dépendances, on trouve généralement plusieurs restaurants. L'île de Saint-Martin en compte plus de 150 dont la moitié dans la partie française. A Saint-Barthélémy, il y en a une soixantaine !

Ces restaurants peuvent être de style très varié. Certains sont très sommairement installés avec quelques tables et quelques chaises à l'ombre des cocotiers, sur une terrasse. D'autres ont été aménagés à partir de l'extension d'une maison, d'autres sont beaucoup plus confortables, parfois luxueux. Ceux qui sont tenus par des Antillais servent une cuisine locale : blaff, court-bouillon, langoustes, calalou, colombo... D'autres, souvent tenus par des gens non originaires de l'île, se sont spécialisés dans la cuisine chinoise, italienne, sud-américaine... Les grands restaurants proposent la cuisine française et quelques spécialités créoles. La plupart de ces restaurants se sont installés au cours de ces quinze dernières années. Auparavant, il y en avait peu dans l'île : quelques-uns à Pointe-à-Pitre et à Basse-Terre, souvent modestes, tenus par des "Syro-Libanais" ; d'autres plus dispersés dont certains avaient une grande réputation notamment à Port-Louis, à Sainte-Anne, au Gosier, à Saint-François. On remarque au fil des années l'amélioration de certains établissements. Au départ très simples, ils sont devenus plus luxueux.

Les commerces touristiques

Ils ont connu une évolution similaire. Les touristes aiment ramener de leur séjour quelques souvenirs qui marquent leur passage dans le pays visité ; ils cherchent en particulier des objets typiques correspondant à l'image qu'ils se font du pays. Or la Guadeloupe ne possédait pas de tradition commerciale. Jusqu'aux années 1970, il existait peu de magasins pouvant intéresser les touristes, à l'exception des commerces spécialisés dans la vente d'articles hors-taxes : parfums, alcools, appareils photographiques, montres... dans les ports francs de Marigot et Gustavia à Saint-Martin et Saint-Barthélémy. A

Planche 5

Restaurant aménagé
dans une case

Marigot : l'impact du tourisme dans le centre

l'aéroport du Raizet et à proximité du port de Pointe-à-Pitre, quelques boutiques vendaient des produits "typiquement" français destinés à la clientèle nord-américaine. Avec le développement du tourisme et l'évolution de la clientèle, les commerces se sont rapidement multipliés et diversifiés. Dans les années soixante et soixante-dix on n'y trouvait guère d'objets originaux et locaux mis à part les rhums, les fruits exotiques, les fleurs, les épices et quelques statuettes en provenance d'Haïti. Il existait certes une tradition artisanale mais sa production restait limitée pour des raisons historiques. En effet le "Code Noir" de 1685 définissant le statut des esclaves stipulait qu'ils ne pouvaient rien posséder personnellement et le "système de l'exclusif" ou "pacte colonial" mis en place par Colbert en 1674, qui dura jusqu'au Second Empire, n'autorisait le commerce des colonies qu'avec la Métropole : elles recevaient tout ce dont elles avaient besoin en échange de la totalité de la production agricole ; toute fabrication de denrées susceptibles de concurrencer la Métropole était interdite. Ceci excluait donc tout développement de l'artisanat dans les îles coloniales. Cependant quelques activités avaient vu le jour : on y fabriquait des bijoux en or (seul moyen de thésaurisation pour les esclaves) on y faisait de la broderie et de la dentelle, de la vannerie, on y travaillait aussi le bois. Aujourd'hui ce savoir-faire ancien subsiste. A Pointe-à-Pitre un bijoutier réalise des boucles d'oreilles "créoles", des bracelets, des colliers à "grains d'or" s'inspirant de la tradition. Mais ces bijoux sont souvent trop chers pour les touristes. Des services à thé, des nappes brodées sont confectionnés à Vieux-Fort en Basse-Terre selon les méthodes d'époque, mais leur coût reste trop élevé pour une production à grande échelle : on les trouve dans quelques magasins de luxe et dans les boutiques à l'aéroport. A côté de ces productions luxueuses, on fabrique notamment à Saint-Barthélémy des objets en vannerie : des chapeaux, des paniers, des sets de table en palmier, des éventails en latanier et divers petits objets de faible prix. Les commerces touristiques qui se sont installés dans les grands hôtels vendent divers articles : journaux, cartes postales, pellicules photographiques, robes, chaussures, articles de souvenir importés ou produits sur place. Dans la ville de Pointe-à-Pitre et à l'aéroport du Raizet de nombreux magasins se sont ouverts pour répondre à la demande locale et touristique. Le long des routes touristiques, en particulier le long de la route conduisant de Pointe-à-Pitre à la Pointe-des-Châteaux par la "Riviéra Sud", des boutiques de styles variés se sont installées. Les marchés de Pointe-à-Pitre et de Basse-Terre, sous l'affluence des touristes conduits par les agences de voyages ou informés par les dépliants publicitaires, proposent de plus en plus de produits tels que paniers ronds, fruits exotiques, fleurs... Depuis cinq ou six ans des vendeurs de colliers en graines, de bracelets, de vêtements légers sillonnent les plages. La production artisanale s'est développée et enrichie : aujourd'hui on fabrique des poupées créoles, des vêtements en tissus peints à la main, des bijoux en écaille ou en coquillages,...

Mais c'est bien dans les îles du Nord, zones franches, et plus particulièrement Saint-Martin, véritable paradis du "shopping" que les commerces touristiques sont les plus nombreux, les plus variés et les plus luxueux ! Ici les touristes viennent acheter en détaxe, des appareils photo, des radios, du matériel vidéo, importés du Japon ou de Hong-Kong, des vêtements griffés et des parfums français, des bijoux... Ils peuvent flâner d'une boutique à l'autre durant plusieurs heures. Au centre de Marigot, à l'image de sa voisine Philipsburg, de luxueuses et spacieuses bijouteries étalent les colliers de perles, les bijoux en or, les pierres précieuses...

A Saint-Barthélémy, les commerces touristiques se sont développés fortement au cours de ces dernières années.

Les services touristiques

Il se sont particulièrement étoffés au cours de ces quinze dernières années. Dans le centre de Pointe-à-Pitre se trouve un important Office du Tourisme qui assure l'information et la promotion touristiques. L'archipel compte aujourd'hui plusieurs syndicats d'initiative : à Basse-Terre, aux Abymes, au Gosier, à Saint-Claude, à Saint-Martin, à Saint-Barthélémy. On dénombre treize agences de voyages à Pointe-à-Pitre, deux à Basse-Terre, une à Saint-Martin. Deux autres se sont créées plus récemment à Baie-Mahault et à Capesterre Belle-Eau. Leur rôle a été limité pendant longtemps au "service du réceptif". Elles servaient d'antennes locales à des agences métropolitaines ou étrangères, effectuaient l'accueil des touristes, le transport de l'aéroport aux hôtels, ainsi que des circuits à travers l'archipel et vers les îles voisines, elles n'avaient pas de rôle de promotion et de commercialisation à l'extérieur de l'archipel, à l'exception de deux d'entre-elles qui proposaient déjà des voyages aux habitants. Mais, aujourd'hui leurs activités se sont considérablement étendues, la plupart organisent et proposent des séjours et des voyages à partir de la Guadeloupe. Certaines se sont même spécialisées dans ce marché.

Il existe aussi des agences de location et de vente de villas ou appartements de tourisme.

Par ailleurs la Guadeloupe possède tous les équipements indispensables aux vacanciers : banques, services de change, services publics divers ; le tourisme a contribué tout particulièrement au développement des agences bancaires. Les services publics sont bien organisés. La distribution de l'eau ne pose pas de véritables problèmes même sur la Grande-Terre assez sèche, qui a dû faire face à une forte augmentation de la consommation avec l'installation des grands hôtels et des piscines, car l'eau est amenée par canalisation depuis la Basse-Terre. Le problème est plus aigu dans les petites îles, notamment à Saint-Barthélémy et à Terre-de-Haut. L'évacuation des eaux usées, généralement satisfaisante, pose toutefois quelques problèmes dans les environs de Bas-du-Fort. La production et la distribution d'électricité assurées par Electricité de France se révèlent parfois insuffisantes, provoquant des coupures de courant qui empêchent la climatisation de fonctionner ou paralysent certains services. Les services postaux et téléphoniques sont assurés correctement même si l'on observe avec l'intensification de la demande quelques encombrements. L'île possède à Pointe-à-Pitre un grand hôpital très moderne et bien équipé. Les services privés sont bien représentés : médecins, spécialistes, commerce variés allant des grandes surfaces aux petits détaillants. Dans une certaine mesure, le tourisme a contribué au développement de ces services.

Les transports et les équipements de desserte.

Le caractère insulaire de la Guadeloupe et sa configuration en archipel, confèrent aux transports maritimes et aériens une importance décisive pour l'essor du tourisme.

Ce sont les **infrastructures portuaires et les liaisons maritimes** qui ont ouvert la Guadeloupe au monde extérieur. Les ports de Basse-Terre et de Pointe-à-Pitre sont les seuls à disposer d'une profondeur suffisante (10 mètres) pour recevoir les navires de croisière à fort tirant d'eau. Les croisières font principalement escale aujourd'hui dans la "darse" de Pointe-à-Pitre qui a été aménagée à cet effet. Les navires accostent de plus en plus au large des îles de Saint-Martin, Saint-Barthélémy, Terre-de-Haut où les touristes sont conduits à terre par des chaloupes. Les bateaux d'un tirant d'eau inférieur à six mètres peuvent accoster dans les ports de Marigot (Saint-Martin), Gustavia (Saint-Barthélémy) et de Terre-de-Haut (Les Saintes). Il existe aussi de nombreux appontements et des abris naturels pouvant recevoir les petits bateaux : l'Anse à Mûrier (- 2,50 m) à Terre-de-Bas (Saintes) ; Grand'Anse (1,40 m) à la Désirade ; Grand'Bourg (- 3 m) et Saint-Louis (- 1,40 m) à Marie-Galante ; Trois-Rivières (- 2,20 m) et Baie-Mahault (- 1,40 m) en Basse-Terre ; Saint-François (- 3 m) en Grande-Terre. Trois ports de plaisance ont été aménagés, le plus important et le plus connu étant celui de Bas-du-Fort qui offre plus de 600 places et accueille la "Transat des Alizés" et la "Route du Rhum". Celui de Saint-François dispose de 275 places, et celui de Rivière-Sens de 120 places.

Le trafic de croisière est saisonnier et irrégulier ; il est organisé par diverses compagnies : "Cunard-Line", "Baltic-Shipping", "Sun-Line", "Costa-Line", "Holland America Cruise", "Vacation-Lines", "Chandris-Lines", "Commodor Cruise-Line", "Croisières Paquet".

Le cabotage s'est beaucoup intensifié au cours de ces dernières années entre les différentes îles de l'archipel. Une frégate dessert la Désirade au départ de Saint-François. Le trafic entre Trois-Rivières et Terre-de-Haut a beaucoup profité du tourisme : trois frégates font des allers et retours fréquents entre ces deux ports. Entre Marie-Galante et Pointe-à-Pitre un service quotidien et très rapide (1 heure) assuré par des catamarans express a été mis en place récemment. Un catamaran relie quotidiennement Saint-Martin et Saint-Barthélémy. Par contre les lignes en direction des îles du Nord, plus éloignées, sont délaissées au profit de l'avion. La location de bateaux de plaisance avec ou sans "skipper" a pris un grand essor depuis quelques années. Ce commerce bénéficie de la position géographique favorable de ces îles dans l'arc antillais.

Les aéroports et le trafic aérien. L'aéroport international de Pointe-à-Pitre-le Raizet figure parmi les plus importants des Caraïbes ; il a permis l'essor du tourisme de séjour. Créé en 1950, il a été agrandi en 1960 et agréé en catégorie A ; sa piste a été à nouveau allongée en 1969 pour recevoir les gros avions du type "Jumbo-Jet". L'arrivée de ces gros porteurs a entraîné une augmentation considérable du nombre des touristes. En 1974-1976, l'aérogare a été modernisée ; elle comporte aujourd'hui un service d'accueil avec bureau de postes, bureau de change, stands de location de voiture, restaurant, commerces divers. Aujourd'hui, avec l'intensification du trafic aérien, cet aéroport est à nouveau insuffisant. Des projets sont en cours en vue de la construction d'un aéroport plus important situé légèrement au nord de celui-ci.

Les aérodromes de l'archipel, Grand'Bourg (Marie-Galante), Grand'Anse (La Désirade), Saint-Jean (Saint-Barthélémy), Grand'Case (Saint-Martin), Baillif (Basse-Terre) sont nettement moins importants ; ils sont classés catégorie D et assurent la desserte locale. En 1984, l'aérogare de Saint-Barthélémy a été agrandie et modernisée pour faire face à l'augmentation du trafic aérien, mais sa piste, coincée entre la mer et les hauteurs, n'est accessible qu'aux avions de petite capacité. L'île de Saint-Martin dispose dans sa partie hollandaise d'un aéroport international (l'aéroport Juliana), qui peut accueillir les avions gros porteurs.

Le trafic aérien se structure autour de cinq réseaux :

— Le "réseau domestique" couvre les différentes îles de l'archipel guadeloupéen. Des vols réguliers et à la demande sont assurés par la Compagnie locale Air Guadeloupe et très secondairement par la Compagnie Air Saint-Barth Charter. Près de 90 000 passagers, dont une forte proportion de touristes guadeloupéens, métropolitains et étrangers, ont emprunté ces lignes en 1987 ; cette fréquentation est en baisse depuis quelques années, en raison de la concurrence des transports maritimes ;

FIGURE 5 - **Répartition des passagers selon les réseaux aériens de l'aéroport du Raizet (1987)**

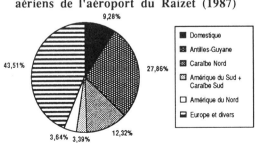

Source : *Compte rendu statistique 1987 aéroport du Raizet. Chambre de Commerce et d'Industrie de Pointe-à-Pitre*

— Le "réseau Antilles-Guyane" concerne exclusivement la Martinique et la Guyane. Au total près de 300 000 passagers ont voyagé sur ces lignes en 1987, dont une très forte majorité entre Fort-de-France et Pointe-à-Pitre. Le trafic est essentiellement assuré par la compagnie locale Air Guadeloupe, et secondairement par Air France ;

— Le "réseau Caraïbe Nord" représente les îles situées au nord de la Guadeloupe (Miami est inclus dans ce réseau mais Saint-Barthélémy et Grand'Case-Saint-Martin en sont exclus). 130 000 passagers ont fréquenté ces lignes en 1987, dont près de la moitié entre Pointe-à-Pitre et Saint-Martin (aéroport Juliana) ;

— Le "réseau Caraïbe-Sud" s'étend sur les îles situées au sud de la Guadeloupe y compris l'escale de Caracas au Vénézuela. L'essentiel du trafic passagers, qui s'élevait à 35 000 en 1987, se fait essentiellement avec la Dominique et Caracas ;

— Le "réseau Amérique du Sud", qui dessert Bogota, est très limité quant à sa fréquentation (451 passagers "fournis" par la Guadeloupe en 1987) ;

— Le "réseau Amérique du Nord" qui regroupe plusieurs escales dans les grandes villes des Etats-Unis et du Canada, (excepté Miami), connaît depuis deux ans une baisse du trafic passagers, après une légère remontée de 1983 à 1985 ; 35 000 passagers, principalement des touristes nord américains, ont voyagé sur ces lignes en 1987. La fermeture des lignes des deux principales compagnies américaines, intervenue en 1988, va entraîner une chute de ce trafic ;

— Le "réseau Europe" détient près de la moitié du trafic passagers. Il repose fondamentalement sur les liaisons aériennes Métropole—Pointe-à-Pitre (plus de 456 000 passagers en 1987). Ce trafic a quadruplé en dix ans mais il n'est pas exclusivement d'ordre touristique : une enquête réalisée par Air France en 1979 révélait que les deux-tiers des passagers venaient pour les vacances, un tiers pour des raisons professionnelles. Jusqu'en 1986, la Compagnie Nationale Air France a bénéficié d'un monopole sur ces vols considérés comme desserte intérieure du territoire national. Elle proposait de 7 à 12 vols hebdomadaires selon les saisons à partir de la capitale et des grandes villes de province : Bordeaux, Lyon, Marseille, Mulhouse. Ce monopole a longtemps alimenté des polémiques entre les responsables des milieux touristiques et la compagnie Air France dont les tarifs étaient jugés trop élevés. Le 16 juillet 1986, le premier charter français a décollé d'Orly en direction de Pointe-à-Pitre. Il s'agissait d'un avion de la compagnie Minerve affrété par "Nouvelles Frontières". C'était la fin d'une longue bataille et d'un monopole. Minerve a transporté en 1987 plus de 51 000 passagers. La libéralisation du trafic a suscité un véritable "boom" du transport aérien avec les Antilles (+ 25,47 % depuis le début de l'année 1987). Le trafic avec les autres pays

Planche 6

La Marina au Gosier

Gustavia et sa baie

européens reste très modeste, il est essentiellement d'ordre touristique, et s'effectue surtout par des charters.

Des compagnies régulières et charters assurent ce trafic. La Compagnie Nationale Air France est de loin le premier transporteur de la Guadeloupe (68,42 % des passagers en 1987). Elle assure des liaisons aériennes nombreuses et régulières avec la Métropole, la Martinique, la Guyane, l'Amérique du Sud, les îles Caraïbes (Port-au-Prince, San Juan) et les Etats-Unis (Miami). La compagnie charter Minerve a beaucoup intensifié ses vols à partir de la métropole depuis 1987.

Les vols (réguliers ou charters) entre le Raizet et les villes nord-américaines ont fortement chuté au cours de ces derniers mois : American Airlines et Eastern Airlines n'assurent plus de vols sur Pointe-à-Pitre ; seule Air Canada relie régulièrement Toronto et Montréal à Pointe-à-Pitre. Le réseau intercaraïbe est desservi par les lignes régulières de la Compagnie Liat vers les îles anglaises, et par la compagnie locale Air Guadeloupe vers l'archipel guadeloupéen, la Martinique, et depuis peu vers les îles voisines : Dominique et Saint-Thomas. La compagnie charter Air-St-Barth assure des vols à la demande vers les îles caraïbes.

Les compagnies charters en provenance d'Amérique du nord, du sud, de la Caraïbe, et de l'Europe, à l'exclusion de Minerve, ont transporté près de 43 000 passagers en 1987.

Enfin, Saint-Martin et Saint-Barthélémy, disposent à partir de l'aéroport international Juliana d'un réseau de desserte très important vers l'Amérique du nord et l'Europe. Les touristes qui se rendent dans ces deux îles débarquent directement à Saint-Martin.

L'infrastructure routière est l'une des meilleures de la Caraïbe avec plus de 2 000 kilomètres de routes de bonne qualité. Une rocade autour de l'agglomération pointoise permet d'éviter les encombrements urbains et d'accéder directement à la route desservant la "Riviéra Sud". depuis l'aéroport La route nationale reliant Pointe-à-Pitre à Basse-Terre a été améliorée au cours de ces dernières années. Il existe plusieurs routes touristiques : la "Route de la Traversée" qui permet de découvrir le parc Naturel, la "Route de la Soufrière" qui mène au pied du volcan, la route "Portes de l'Enfer" qui traverse le nord de la Grande-Terre. De nombreux autobus desservent l'ensemble des communes de la Grande-Terre et de la Basse-Terre : ils sont surtout utilisés par les habitants, mais les touristes les empruntent parfois ; ils sont bon marché, confortables, pittoresques, avec une ambiance musicale permanente. Trois sociétés se sont spécialisées dans le transport des touristes pour les trajets aéroport - hôtel, et pour les excursions. Les sociétés de location de voitures sont très nombreuses et bien réparties sur les différents points de l'archipel. Il existe actuellement 169 agences de location déclarées ! Certaines louent des scooters et des motos.

Le tourisme a donc contribué au développement ou à la création d'équipements et d'activités divers : le trafic de l'aéroport s'est intensifié, les taxis circulent beaucoup, les restaurants et les commerces se sont multipliés.

Ce qui a le plus marqué l'archipel c'est l'apparition massive d'équipements (hôtels, ports de plaisance, piscines, tennis, casinos...) et de pratiques de loisirs nouvelles (planche à voile, croisière, plongée sous-marine, ski nautique, golf, tennis...). Les Guadeloupéens n'ont pu rester indifférents à ces modifications. Ont-elles été vécues comme des agressions ? Ou bien ont-elles valorisé l'île aux yeux de ses habitants ? Tirent-ils fierté de sa réputation, désormais internationale ?

Nous avons montré que la marque du tourisme est inégale selon les secteurs géographiques :

. **Sur le continent,** le tourisme s'impose le long du littoral sud : de Pointe-à-Pitre à la Pointe des Châteaux. Les équipements touristiques qui se sont organisés dans l'espace en fonction des politiques successives permettent d'établir une typologie des stations.

. **Le Gosier,** berceau du tourisme contemporain, l'une des plus importantes stations de l'archipel, apparaît comme un lieu de séjour relativement luxueux (en raison de ses nombreux hôtels 3 étoiles) animé par sa marina, ses discothèques, son casino, et ses nombreux restaurants. Les hôteliers, et d'autres professionnels, souhaiteraient lui donner un caractère plus prestigieux encore. Ils réclament une amélioration de l'environnement, la lutte contre l'insalubrité de la Grande Baie, et un golf !

. **Saint-François** fait également figure de station prestigieuse. Construite à partir du "Méridien", grand hôtel de 4 étoiles, elle comporte aujourd'hui des équipements haut de gamme, en matière d'hébergement (hôtels de luxe : "Hamak", "Trois Mâts", résidences de tourisme) et de loisirs avec son golf de réputation internationale, sa marina, son aérodrome privé, ses galeries marchandes de qualité.

. **Sainte-Anne** est une station plus contrastée, avec d'un côté, l'ensemble "Caravelle" déjà ancien, luxueux et enclavé, et de l'autre des équipements nouveaux, plus populaires, autour de la grande plage publique : petits hôtels, bars, restaurants, commerces en tous genres (souvent sommairement installés) club de voile et centre de loisirs destinés à la population locale. Ici, l'évolution a fait une large place au tourisme populaire.

. **Pointe-à-Pitre** est le centre des services touristiques. Les équipements et activités touristiques, bien que très importants, se diluent en fait dans cette grande agglomération de plus de 100 000 habitants. C'est ici que sont concentrés les agences de voyage, de location de voiture, les taxis, les musées, l'Office du Tourisme... C'est au Raizet, que les vacanciers arrivent et repartent ; c'est au port que les bateaux de croisières accostent.

Le reste de la Grande-Terre et de la Basse-Terre est une zone d'excursions. Ici, la marque du tourisme est plus ponctuelle (notamment à

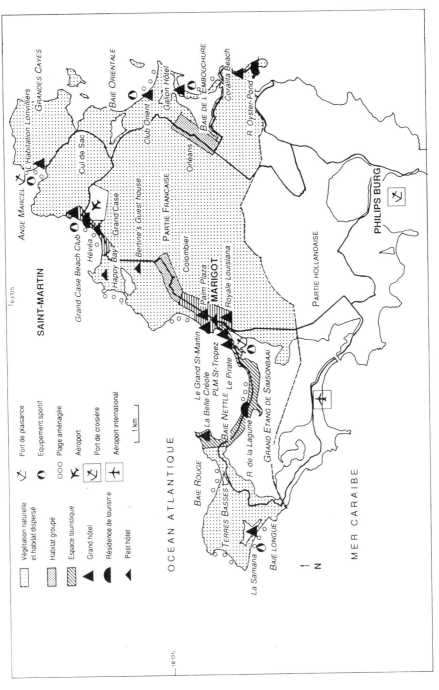

FIGURE 6 - **Les constructions touristiques à Saint-Martin**

Anse-Bertrand, Port-Louis, Anse Rocroy, Trois-Rivières) ou plus linéaire, le long des circuits touristiques.

En ce qui concerne **les Dépendances**, il faut faire la distinction entre les îles encore peu affectées par le tourisme, et qui sont surtout des lieux d'excursions (la Désirade, Terre-de-Bas aux Saintes, et Marie-Galante), et les îles du Nord où la pression du tourisme est très forte. L'île de Terre-de-Haut, aux Saintes, se situe dans une position intermédiaire : longtemps lieu d'excursions, elle est devenue aussi un lieu de séjour avec les récentes constructions (hôtels, résidences de tourisme, restaurants).

FIGURE 7 - **Les constructions touristiques à Saint-François**

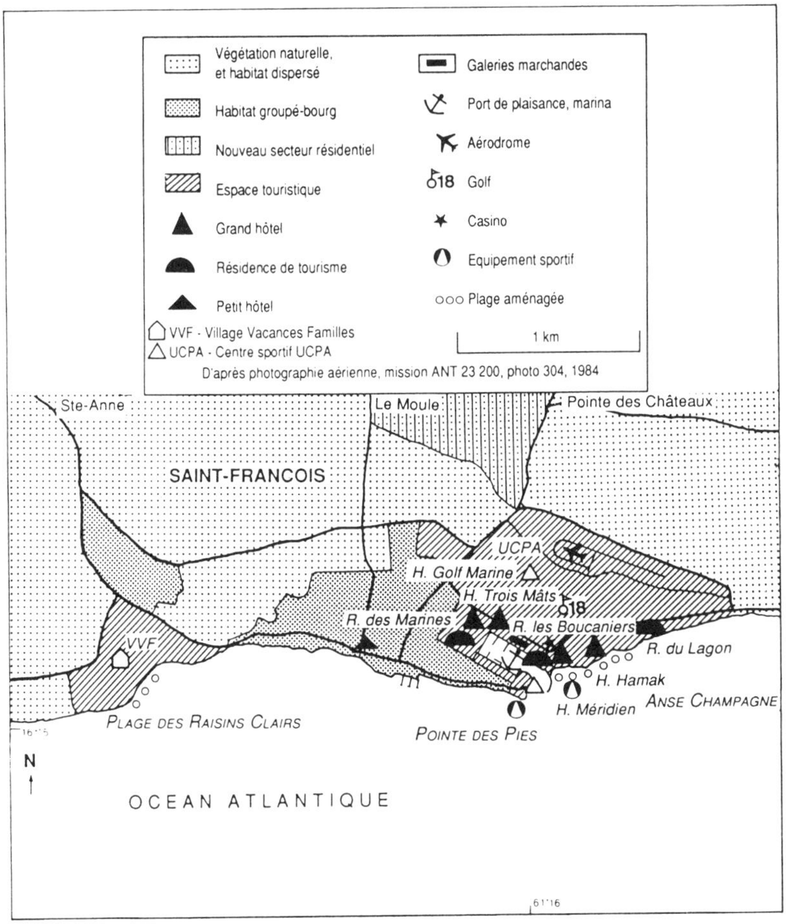

Dans les îles du Nord, Saint-Martin et Saint-Barthélémy, le tourisme a pris possession de tout l'espace dans certains quartiers. C'est le cas de Marigot, Grand-Case, Baie de Nettlé (à Saint-Martin), de Saint-Jean (à Saint-Barthélémy). La pression du tourisme est d'autant plus forte que ces îles sont

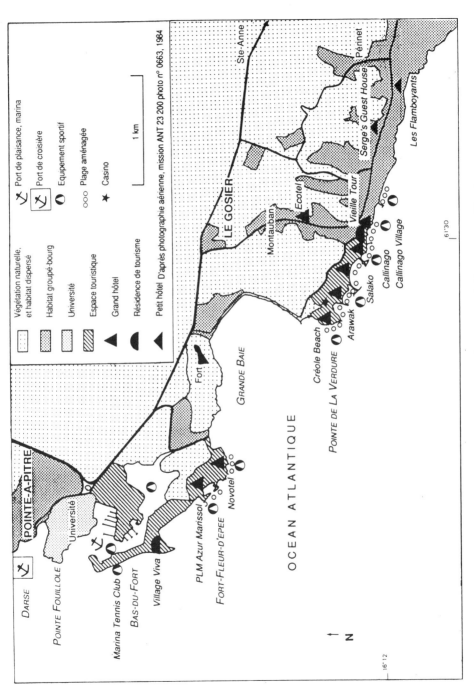

FIGURE 8 - Les constructions touristiques au Gosier

minuscules et les espaces rares. A Saint-Barthélémy, le taux de fonction touristique [2] s'élève à 83,4 %, si l'on prend en compte l'ensemble des hébergements touristiques (1900 chambres) par rapport à la population estimée actuellement à 4 450 personnes. Son aéroport reçoit en moyenne 7 000 passagers par mois, le port de Gustavia a accueilli en 1987 plus de 73 000 touristes de croisière et plaisanciers. On y compte aujourd'hui 610 voitures de location ! Cependant, bien intégrée dans les paysages, et bien répartie dans l'espace, le tourisme y apparaît moins contraignant qu'à Saint-Martin qui reçoit, dans l'ensemble de l'île, 450 000 ou 500 000 touristes de séjour chaque année, plus 800 à 1 200 touristes de croisière par mois !

Ces deux îles sont en fait très différentes de la Guadeloupe continentale, d'une manière générale, et sur le plan touristique en particulier. Ce sont des stations très luxueuses, fréquentées presque exclusivement par les Américains, qui arrivent et repartent directement par l'aéroport de Juliana. Ici, les excursions ne se font pas vers les autres îles de l'archipel guadeloupéen, mais plutôt vers les îles voisines : Anguilla, Saba, Saint-Kitts,...

Ainsi, les Guadeloupéens n'ont pas été confrontés aux mêmes évolutions du phénomène touristique. La diversité des équipements répond à la diversité des clientèles.

---

[2] Rapport entre le nombre de lits et la population résidente.

LES TOURISTES EN GUADELOUPE

Il existe plusieurs définitions du tourisme. On rappellera les principales définitions internationales établies à Rome en 1963 par la Conférence des Nations-Unies sur le Tourisme et les voyages internationaux : le visiteur est défini comme

> «Le visiteur est défini comme toute personne qui se rend dans un pays autre que celui où il a son lieu de résidence habituelle pour toute autre raison que celle d'y exercer une profession rémunérée. Le touriste est un visiteur temporaire séjournant au moins vingt-quatre heures dans le pays visité et dont les motifs de voyage peuvent être regroupés en loisirs (agrément, vacances, santé, études, religion et sports), affaires, famille, mission, réunion. L'excursionniste (ou visiteur d'un jour) est tout visiteur temporaire dont le séjour dans le pays visité ne dépasse vingt-quatre heures et ne comporte aucune nuitée».

Nous adopterons pour cette étude une conception plus large, car ce qui nous intéresse c'est le point de vue du pêcheur, du restaurateur, de l'hôtelier, qui différencient plusieurs catégories de touristes. Il y a d'abord les "vrais touristes" : ce sont les "étrangers" qui viennent dans l'île : certains y font seulement une brève escale, d'autres y séjournent une semaine dans un grand hôtel, ou dans un gîte rural. Les Antillais domiciliés en Métropole et qui retournent dans l'île pendant leurs congés soit seuls, soit avec leur famille forment un autre type de touristes. Les habitants de l'île, Métropolitains ou Guadeloupéens, sont aussi des touristes lorsqu'ils viennent passer un week-end dans leur résidence secondaire ou à l'hôtel, lorsqu'ils prennent leurs vacances au village de vacances de Saint-François... Qui sont ces touristes, où les rencontre-t-on, quelles sont leurs attitudes dans le pays, qu'attendent-ils de leur visite, de leur séjour, quelles relations s'établissent entre les vacanciers et les habitants ? Autrement dit, une connaissance approfondie des touristes s'avère indispensable pour mieux comprendre comment les Guadeloupéens peuvent les percevoir.

La fréquentation touristique exacte est difficile à mesurer. Nous disposons de données chiffrées plus ou moins abondantes sur les touristes de croisière, les plaisanciers et surtout sur la clientèle hôtelière régulièrement observée. Nous ne possédons que des estimations sur la fréquentation des meublés, des gîtes ruraux, des résidences locatives. Quant au nombre de touristes qui se rendent chez des parents ou des amis il est très difficile à évaluer. De plus, les mouvements de passagers (arrivées, départs, transit) de l'aéroport du Raizet ne permettent pas de différencier les touristes des autres passagers, ni de connaître l'origine des Français : sont-ils Métropolitains, Guadeloupéens, Martiniquais ? L'Office du Tourisme de Guadeloupe, qui s'intéresse surtout aux touristes venus de l'extérieur, a évalué, à partir des modes d'hébergements, leur nombre à 317 000 en 1987. Ce chiffre ne tient pas compte du tourisme intérieur, ni des touristes de croisière. Il se décompose comme suit :

— hôtellerie : 292 578
— résidences de tourisme : 10 000
— gîtes de France : 3 350
— meublés de tourisme : 3 000
— parents et amis : 8 000

    TOTAL 316 928

Les touristes de croisière et les plaisanciers
Les touristes de croisière

Ils sont considérés comme particuliers par les Guadeloupéens et les professionnels du tourisme. Aujourd'hui près de cent paquebots font escale à Pointe-à-Pitre déversant à chaque fois cinq ou six cents visiteurs, soit 50 ou 60 000 chaque année ! La croisière est une forme de tourisme déjà ancienne : le premier paquebot de croisière est arrivé à Basse-Terre en 1959. Durant les premières années ce port fut le seul à accueillir les croisières avec celui de Philipsburg (partie hollandaise de Saint-Martin). Depuis 1975, les escales se font principalement dans le port de Pointe-à-Pitre, mieux équipé pour recevoir les navires, et de plus en plus à Saint-Barthélémy, Saint-Martin, Terre-de-Haut. Les croisières sont très saisonnières : elles se concentrent sur la belle saison, de décembre à avril. Elles se caractérisent par une grande irrégularité interannuelle (cf. figure 9) : 78 000 touristes de croisière en 1978, 45 000 en 1979, 23 000 en 1981 et près de 62 000 en 1984 !

FIGURE 9 - **Evolution du nombre de touristes de croisière en escale au port de Pointe-à-Pitre**

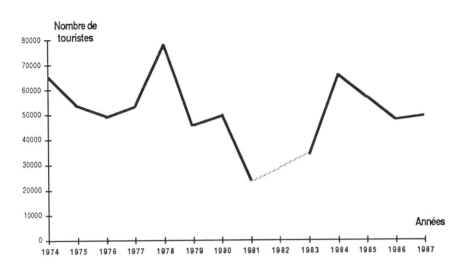

Source : *Port Autonome de la Guadeloupe.*

Ces fluctuations peu maîtrisables posent des problèmes aux chauffeurs de taxi et aux commerçants qui retirent selon les années des ressources très variables de cette activité. Plusieurs facteurs d'ordre externe et conjoncturels peuvent expliquer ces écarts : ainsi la forte progression du tourisme de croisière observée entre 1983 et 1984 (83 puis 170 navires ont fait escale dans l'île) a pour cause, notamment l'évolution du change dollar/franc en faveur de la clientèle américaine associée à la grève des chaffeurs de taxi en Martinique qui a contraint plusieurs paquebots à accoster à Pointe-à-Pitre.

Depuis quelques années le tourisme de croisière se développe aux Saintes et surtout dans les îles du Nord.

L'île de Saint-Martin, accueille en moyenne un navire par mois, débarquant de 800 à 1200 personnes chacun, principalement dans le port de Philipsburg. Ces passagers visitent l'île (parties hollandaise et française) et font des achats dans les commerces de Marigot.

Les navires de croisière viennent de plus en plus faire escale dans la baie de Gustavia à Saint-Barthélémy. Les passagers visitent l'île, par le biais des agences, durant une demi-journée. Cette forme de tourisme est en plein essor : 38 000 passagers en 1984, 67 000 en 1987 !

Le tourisme de croisière n'a pas entraîné de modifications importantes dans le paysage car il exige peu d'infrastructures spécialisées en dehors de l'aménagement portuaire. La présence de ces touristes dans l'archipel, si elle est frappante, est cependant très ponctuelle dans le temps et dans l'espace.

Qui sont ces touristes, quels sont leurs comportements dans l'île ? Ce sont surtout des Nord-Américains qui effectuent une croisière d'une semaine comportant cinq ou six escales dans des îles différentes de la Caraïbe. La Guadeloupe comme la Martinique représentent pour eux une île française. Les attitudes de ces touristes ne varient guère d'un navire à l'autre, d'une année sur l'autre. L'arrivée d'un paquebot est un moment spectaculaire. Il faut voir débarquer et affluer ces centaines de touristes dans le port de Pointe-à-Pitre. Ils avancent en groupes, appareil photo en bandoulière, les femmes vêtues de tenues bariolées, les hommes en short, tous protégés du soleil par des chapeaux. Ils se répandent dans les rues voisines, à la recherche des magasins spécialisés pour acheter les produits détaxés typiquement français et de grande réputation : parfums, vêtements griffés, alcools... Puis, il font généralement une excursion dans l'île : soit ils se regroupent à trois ou quatre, prennent un taxi et se font conseiller par le chauffeur, soit ils louent une voiture et choisissent une excursion proposée par les guides touristiques, soit ils montent en groupes dans un autocar où le guide d'une agence de voyages les promène pendant six heures. En fait, au cours de cette journée, ils visitent les mêmes lieux. Par exemple, en Basse-Terre, le volcan de la Soufrière, le Parc Naturel, les Chutes du Carbet, le marché de Basse-Terre ; ou bien, en Grande-Terre, la Pointe des Châteaux, la Pointe de la Grande Vigie, le marché de Pointe-à-Pitre. Ils fréquentent les mêmes restaurants qui se sont spécialisés dans leur accueil. En définitive ces touristes d'un jour n'ont de contacts qu'avec quelques personnes : chauffeurs de taxi, guides d'agences de voyages, restaurateurs, commerçants ; ils perçoivent à peine les habitants, dans le décor de leurs visites. L'arrivée d'un paquebot est encore plus spectaculaire dans la petite île de Terre-de-Haut aux Saintes. Lorsque le navire jette l'ancre dans la baie, les touristes arrivent par paquets à bord d'une chaloupe, dans ce village tout endormi à l'heure la plus chaude de la journée. Ils affluent dans la minuscule boutique située face au port, à la recherche de cartes postales, de boissons fraîches, de souvenirs, sous l'oeil inquiet du commerçant qui les fait attendre dehors, ne les faisant pénétrer à l'intérieur qu'en petit nombre pour éviter les vols ! Ils se dirigent ensuite, à la file, vers le Fort Napoléon ou le sommet du Chameau, puis ils remontent dans leur navire. Le village, submergé l'espace de quelques heures par cette marée de visiteurs, retrouve alors son calme et sa torpeur. Mais quel spectacle !

A Saint-Martin, ils passent d'une boutique à l'autre, durant plusieurs heures, achetant des articles hors-taxes : matériel audio-visuel, photographique, bijoux, parfums et vêtements griffés de France, objets en porcelaine et en cristal.

Une enquête menée par le C.R.O.A.T.—Martinique sur 1 000 passagers de croisière en 1982 nous donne sur ces touristes des renseignements intéressants et précis dont les résultats peuvent être étendus à la Guadeloupe qui reçoit le même type de visiteurs. Ce sont essentiellement des Nord-Américains (74,5 % des Etats-Unis, 19 % du Canada), la plupart ont plus de quarante-cinq ans (seulement un sur cinq a moins de trente cinq ans). Ils viennent en couples souvent accompagnés d'un ou plusieurs amis, et appartiennent aux classes sociales élevées et moyennes (pour 40 % de ces personnes le chef de famille exerçait une profession libérale, pour 23 % il était cadre supérieur dans une entreprise, pour 13 % retraité). Ces dernières années on observe une progression notable des classes moyennes et d'employés bénéficiant lors de leur départ à la retraite d'une croisière offerte par leur comité d'entreprise.

Comment ces touristes perçoivent-ils l'île et ses habitants, qu'attendent-ils de cette visite ? Dans l'enquête précédemment citée, la plupart des visiteurs avaient déclaré que les paysages de l'île étaient très beaux, mais que l'accueil de la population locale était peu chaleureux, et les prix trop élevés. Ils critiquaient en particulier les taxis (trop chers), reprochaient aux chauffeurs de ne pas parler anglais et de conduire trop vite. Ces remarques peuvent être certainement reprises pour la Guadeloupe, puisqu'en Martinique l'accueil est réputé meilleur, les commerces sont plus variés et les chauffeurs de taxi ont reçu une formation spécifique. Les sentiments de ces touristes recueillis pendant ou à la fin de leur visite nous intéressent parce qu'ils retracent l'état d'esprit dans lequel ils se trouvent à ce moment-là et que la population locale peut parfaitement ressentir. Ils sont déçus : ils comparent cette escale aux précédentes, à des croisières antérieures, et la réalité ne correspond pas toujours à leur attente entretenue par la publicité et les catalogues. Il existe un malentendu profond. Ces Américains espèrent trouver dans l'île un "petit morceau de France", à proximité de l'Amérique. Or c'est une île antillaise supplémentaire qu'ils découvrent. Cette équivoque n'est pas sans conséquence pour les Guadeloupéens qui sont sensibles au manque d'intérêt manifesté par les Américains pour leur propre personnalité et leur propre identité.

Qui ces croisières intéressent-elles ? A qui profitent-elles ? Cette activité fournit en Guadeloupe des ressources appréciables. On estime à cinquante dollars la somme dépensée par chaque visiteur durant l'escale, ce qui représente globalement une injection dans l'économie locale de deux millions cinq cent mille dollars, soit au cours du jour (janvier 87), seize millions deux cent cinquante mille francs, auquel il faut ajouter les approvisionnements des navires en eau et en produits frais. Toutefois, un grand nombre de ces produits ne sont pas fabriqués sur place mais importés de la Métropole ou de l'étranger. La croisière présente l'avantage de ne pas exiger d'investissements ou d'infrastructures spécifiques et elle fournit un complément de ressources. Selon l'enquête réalisée en Martinique, les dépenses, en 1982, par touriste, se répartissaient de la manière suivante : parfums, 35 % ; excursions, 30 %, restauration, 15 % ; vêtements, 11 % ; artisanat, 6 % ; bijoux, 1,8 % ; alcools, 1,2 %.

Ce sont les commerces spécialisés, situés surtout à proximité du port de Pointe-à-Pitre, à Saint-Martin et à Saint-Barthélémy, qui sont les principaux bénéficiaires des croisières (55 % des dépenses sont effectuées en achats de parfums, vêtements, artisanat, bijoux, alcools). Les chauffeurs de taxi, les agences de voyages, les transporteurs de groupes, les loueurs de voitures profitent aussi de cette activité. Quelques restaurateurs en tirent des ressources complémentaires, mais ils sont peu nombreux car les agences de voyages retiennent généralement les mêmes restaurants dans les mêmes circuits et les chauffeurs de taxi recommandent les mêmes établissements d'une excursion à l'autre.

Aux yeux des Guadeloupéens, les touristes de croisière apparaissent comme de véritables nuées fugitives qui débarquent périodiquement sur des points précis de l'archipel, qui déferlent dans quelques lieux habituels et qui disparaissent au bout de quelques heures. Les habitants assistent curieux, indifférents ou blasés à ce spectacle devenu familier et qu'ils savent éphémère. Cette forme de tourisme n'apporte pas de bouleversements durables, n'entraîne pas de gros investissements et ne perturbe pas profondément la vie de l'archipel. Elle n'a donc pas provoqué de prises de positions remarquables ni de polémiques particulières.

Les plaisanciers

Ce sont des touristes marginaux dans l'île ; ils sont peu nombreux et mal connus. On les rencontre surtout dans les marinas et occasionnellement dans les ports. Ils sont venus récemment dans l'archipel, attirés par la publicité des grandes courses comme la "Route du Rhum" ou la "Transat des Alizés". Les ports de plaisance avaient enregistré en 1982 quinze mille plaisanciers y compris les membres d'équipage des yachts, dont 60 % étaient des Européens et 18,8 % des Américains. Selon le Port Autonome de la Guadeloupe la fréquentation des divers ports de plaisance en 1984 était la suivante :

	Nombre de bateaux	Durée de l'escale
Bas-du-Fort	1 030	14 jours
Rivière-Sens	399	3 jours
Saint-François	180	6 jours
Saint-Martin / Saint-Barthélémy	2 840	2 jours

En fait, ces données sont inférieures à la réalité car les plaisanciers se déclarent eux-mêmes dans les ports et certains échappent ainsi à tout contrôle ;

en outre ils utilisent largement les mouillages forains où ils ne sont pas enregistrés. Ainsi on peut voir régulièrement des bateaux ancrés dans la baie de Deshaies et de véritables flottilles de voiliers et bateaux à moteur dans la baie de Terre-de-Haut face au port, les week-ends et les jours de fêtes.

Comme le tourisme de croisière, la plaisance a connu un formidable essor dans les îles du Nord. Les baies de Saint-Martin, et notamment la baie de Marigot sont peuplées de voiliers et de bateaux à moteur. Le dénombrement de ces yachts est, on s'en doute, difficile à établir de manière exacte.

A Saint-Barthélémy, où toutes les entrées du port de Gustavia sont comptabilisées, on enregistre une progression constante et spectaculaire : 583 entrées de yachts en 1983, 2277 en 1984, 3420 en 1987 ! A cette date, 1966 battaient pavillon américain, 594 pavillon français, 402 pavillons anglais.

Il existe plusieurs types de plaisanciers. Il y a ceux qui, au cours d'une croisière dans les Caraïbes font escale dans les ports de l'archipel situés sur leur route de navigation. Pour répondre à l'évolution de la demande de la clientèle les agences de voyages proposent de plus en plus des croisières au départ de la Guadeloupe soit pour une semaine (Pointe-à-Pitre — Marie-Galante — La Dominique — Les Saintes — Pointe-à-Pitre) soit pour trois jours (Pointe-à-Pitre — Saint-Martin — Saint-Barthélémy) soit pour une journée (Les Saintes). Ces gens sont, c'est l'évidence, surtout intéressés par la navigation. Ils vont d'une île à l'autre, jettent de temps à autre l'ancre dans une baie, se baignent. Ils pénètrent parfois dans un café ou dans un restaurant situé sur le bord de la plage ou près du port. Plus rarement, ils louent une voiture et font une excursion dans l'île. Le soir, ils accostent dans un port de plaisance où ils trouvent sur place des commerces pour se ravitailler, des restaurants pour passer la soirée. On rencontre aussi un certain nombre de "marginaux" : ce sont des passionnés de voile, surtout des Métropolitains et quelques Américains qui ont fait la "traversée" à bord de leur voilier et qui restent dans l'archipel plusieurs semaines, voire plusieurs mois, attirés par les excellentes conditions de navigation, l'aventure, l'exploit, l'exotisme. Cette population vit en vase clos. Généralement ces gens passent leur journée à réparer ou à perfectionner leur navire dans le port, à naviguer d'île en île. De temps à autre ils "font du charter" pour subsister. D'autres ont élu domicile sur leur bateau. Ceci est surtout vrai à Saint-Martin, où certains, attirés par la réputation de l'île, sont venus tenter leur chance. Ils descendent chaque matin à terre pour travailler à Marigot, dans les restaurants, les commerces,... Ils regagnent le soir leur voilier car ils n'ont souvent pas les moyens de louer un appartement dans la ville où les locations sont très chères. Ils vivent ainsi, plus ou moins longtemps, mal perçus par la population Saint-Martinoise, soupçonneuse, depuis la découverte de quelques trafics de drogue par la police.

Parmi les plaisanciers figurent aussi un nombre de plus en plus important d'habitants de la Guadeloupe : ce loisir s'est en effet répandue dans la bourgeoisie locale : des Métropolitains installés dans l'île, des Blancs-Créoles possèdent des bateaux à moteur et des voiliers ancrés dans les marinas de Bas-du-Fort, de Saint-François, de Rivière-Sens. Le week-end, les jours de fête, ils vont sur les îles proches, notamment aux Saintes. Les propriétaires de bateaux à moteur pratiquent la pêche au gros.

Du point de vue économique, la plaisance concerne surtout les commerçants situés dans l'enceinte des marinas (à la marina de Bas-du-Fort la consommation par plaisancier est évaluée à cent francs par jour et par personne sans compter les dépenses de ravitaillement au départ des croisières), les "ship-chandlers", quelques artisans spécialisés dans la réparation des navires (le coût d'entretien d'un bateau est relativement élevé : 7 % de son prix) et quelques restaurateurs.

Cette forme de tourisme, quoique très secondaire en Guadeloupe, frappe l'esprit de ses habitants. Ce qu'ils remarquent surtout ce sont ces luxueux bateaux qui longent les côtes. Les Saintois, les Saint-Barths, les Saint-Martinois voient régulièrement les rades se peupler de plusieurs dizaines de bateaux à moteur et de voiliers. Mais ce sont surtout les ports de plaisance, les marinas, qui ont le plus impressionné et attiré l'oeil des Guadeloupéens. Ces constructions coûteuses ont transformé certains sites qui sont devenus des mondes étrangers, fermés, symboles de luxe et de richesse. Pour les étudiants, la marina de Bas-du-Fort située en contrebas de l'Université, face aux résidences universitaires, constitue le décor permanent et animé de leur univers.

Les touristes de séjour

Pour les Guadeloupéens ils représentent les touristes par excellence. L'afflux massif de ces vacanciers depuis une quinzaine d'années est l'un des événements les plus marquants de l'île. Cette foule est arrivée soudainement et a pris très vite une ampleur considérable. Dans les années soixante, il s'agissait surtout de Nord-Américains qui venaient durant la belle saison (décembre-avril) ; ils sont aujourd'hui plus diversifiés et les Métropolitains sont les plus nombreux. De plus, la fréquentation touristique s'est étalée sur l'ensemble de l'année. Il faut différencier les touristes selon leurs origines géographiques et leurs modes d'hébergement. Les touristes qui viennent faire un séjour d'une semaine au Club Méditerranée ou dans un grand hôtel dont ils ne sortent guère, sont différents des touristes qui ont choisi de venir découvrir la Guadeloupe en se rendant dans un gîte rural ou un petit hôtel familial situé dans le village. Les Antillais domiciliés en Métropole et qui retournent dans leurs familles pour leurs congés se distinguent des autres vacanciers. Les touristes locaux forment un groupe bien particulier. Les contacts qui peuvent s'établir entre les Guadeloupéens et les Américains, les Québécois ou les Métropolitains ne sont pas les mêmes.

Nous possédons sur la clientèle hôtelière, de loin la plus importante, des données statistiques nombreuses. Par contre les autres formes d'accueil (gîtes ruraux, résidences locatives, meublés, résidences secondaires, logement chez les parents et les amis) échappent à tout dénombrement sérieux. En 1987, l'Office du Tourisme de Guadeloupe a estimé à près de 317 000 le nombre de touristes venus faire un séjour en Guadeloupe. Il précise que ce chiffre est sous-estimé car il ne prend pratiquement pas en compte les touristes locaux qui, pendant leurs week-ends ou leurs vacances, visitent l'île ou ses Dépendances et qui logent surtout chez des parents ou des amis ou dans leurs résidences secondaires.

La clientèle hôtelière

La clientèle hôtelière est de loin la plus importante en Guadeloupe. Elle représenterait, selon l'Office du Tourisme, 91 % des vacanciers. Mais l'insuffisance des données précises sur les vacanciers utilisant les autres modes d'hébergement nous amène à utiliser ces chiffres avec prudence.

Cette clientèle est effectivement la mieux connue : depuis 1981, des enquêtes sont menées régulièrement sur un échantillon d'hôtels par le C.R.O.A.T. (Centre Régional d'Observation de l'Activité Touristique) puis par l'Office du Tourisme. L'échantillon observé comprend actuellement 21 hôtels représentant 48 % de la capacité hôtelière. Ces données reflètent surtout celles de la grande hôtellerie de la Riviera Sud [1]. Les statistiques antérieures fournies par l'INSEE sont moins complètes et plus difficiles à utiliser. Ainsi, pour la période 1970-1976 la fréquentation hôtelière a été calculée à partir d'un échantillon comportant seulement les hôtels de plus de 30 chambres, et pour la période 1977-1980 les deux établissements du Club Méditerranée et le V.V.F. de Saint-François (485 chambres au total) regroupés habituellement avec l'hôtellerie (bien qu'il ne s'agisse pas d'hôtels) n'ont pas été pris en compte. Les statistiques ne sont donc pas homogènes et ne permettent pas d'appréhender exactement l'évolution de la fréquentation hôtelière. De plus, elles prennent en compte des clients qui ne sont pas seulement des touristes (hommes d'affaires) mais ceux-ci sont peu nombreux.

Le nombre des touristes hôteliers a connu une formidable progression en quelques années comme le montre le tableau n° 4. En 1968 la Guadeloupe en accueillait à peine 22 000 dans ses trois grands hôtels. Il s'agissait surtout de Nord-Américains. En six ans, entre 1971 et 1977, la fréquentation hôtelière a quadruplé : elle est passée de 50 000 à 200 000. Cette brutale augmentation correspond à la grande phase des constructions. C'est à ce moment-là que les vacanciers métropolitains sont arrivés, devenant rapidement les plus nombreux. A partir de 1977 la progression a été stoppée et le nombre des touristes a alors reculé, entraînant une crise dans l'hôtellerie qui s'est traduite par la fermeture de deux importants établissements. Les statistiques dont nous disposons ne nous permettent pas de bien mesurer ce recul.

---

[1] La petite et moyenne hôtellerie entre seulement pour 16 % dans la capacité hotelière retenue, alors qu'elle représente 48 % du parc hôtelier. Les hôtels de Saint-Martin et Saint-Barthélémy y sont faiblement représentés (12,6 % dans l'échantillon, contre 37 % dans le parc hôtelier).

TABLEAU 4 - Evolution de la fréquentation hôtelière et origine géographique de la clientèle (*)

PROVENANCE	1970 Nbre	%	1972 Nbre	1976 Nbre	1985 Nbre	1987 Nbre	%
France + DOM	16 200	33	56 400	119 400	107 772	188 000	64,4
Europe (sauf France)	2 600	5,3	10 500	34 400	22 074	39 712	13,6
U.S.A.	18 100	36,8	23 700	29 300	52 805	41 464	14,2
Canada	6 100	12,3	13 700	12 200	29 215	17 812	6,1
Divers	6 200	12,6	10 900	4 100	4 545	5 012	1,7
Ensemble	49 200	100	115 200	199 400	216 411	292 000	100
Amérique du Nord	24 200	56,2	37 400	41 500	82 010	59 276	20,3
Europe France comprise	18 800	43,8	66 900	153 800	129 846	227 712	78

Source : *INSEE-CROAT. Office du Tourisme*

(*) à partir des échantillons observés.

Depuis 1981, plus de 200 000 touristes viennent chaque année passer des vacances dans les hôtels guadeloupéens. Ils étaient 260 000 en 1983, 227 000 en 1984, 216 000 en 1985, 290 000 en 1987. Cette récente augmentation de la clientèle s'explique par l'arrivée de plus en plus massive des touristes métropolitains, facilitée par la baisse des tarifs aériens.

Les touristes viennent tout au long de l'année mais une concentration est bien visible dans le temps. La figure 10 traduit de manière précise les rythmes du tourisme hôtelier :

— une haute saison d'hiver de novembre à avril (avec des pointes particulièrement fortes pour les fêtes de Noël, de fin d'année et en février durant lesquelles les hôtels sont retenus plusieurs semaines à l'avance). Cette saison correspond à la période la plus agréable (saison sèche) et à l'hiver en Amérique du Nord et en Europe. La clientèle est à la fois française et américaine ;

— une petite saison d'été juillet-août avec une forte présence de la clientèle française qui bénéficie durant cette période des congés annuels ;

— juin, septembre et octobre sont des mois creux.

Entre les mois de septembre et de décembre, le nombre de touristes est multiplié par deux ou deux et demi selon les années. Cependant ces variations saisonnières n'ont rien de comparable avec d'autres régions touristiques comme les pays méditerranéens par exemple. La présence permanente des touristes tient à la nature tropicale de l'île qui offre toute l'année des températures agréables et une végétation luxuriante. Les touristes séjournent en moyenne une semaine (6 jours en 1987) dans l'île ce qui correspond aux forfaits proposés par les agences de voyages, avec des variations selon les mois comme l'indique la figure 11. Leur renouvellement permanent provoque des va-et-vient incessants entre l'aéroport et les hôtels. Les gros Boeing atterrissent plusieurs fois par jour. Un grand nombre de touristes est attendu à l'aéroport par des autocars envoyés par les agences de voyages, qui les transporte rapidement sur leurs lieux de séjour.

La clientèle hôtelière est à la fois très importante et très concentrée dans l'espace : 90 % des touristes se rendent dans des hôtels qui sont regroupés dans quelques secteurs de l'île, la "Riviera Sud" de la Grande-Terre et les Dépendances du Nord. Mais il faut distinguer la clientèle de l'hôtellerie de luxe de celle de la petite et moyenne hôtellerie dont les comportements sont en partie définis par les modes d'hébergement choisis.

FIGURE 10 - **Rythme annuel de la fréquentation hôtelière guadeloupéenne**

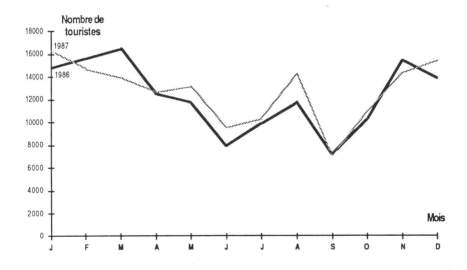

Source : *C.R.O.A.T. 1987 (à partir de l'échantillon : 2 401 chambres d'hôtel, 24 établissements)*

FIGURE 11 - **Durée moyenne des séjours hôteliers**

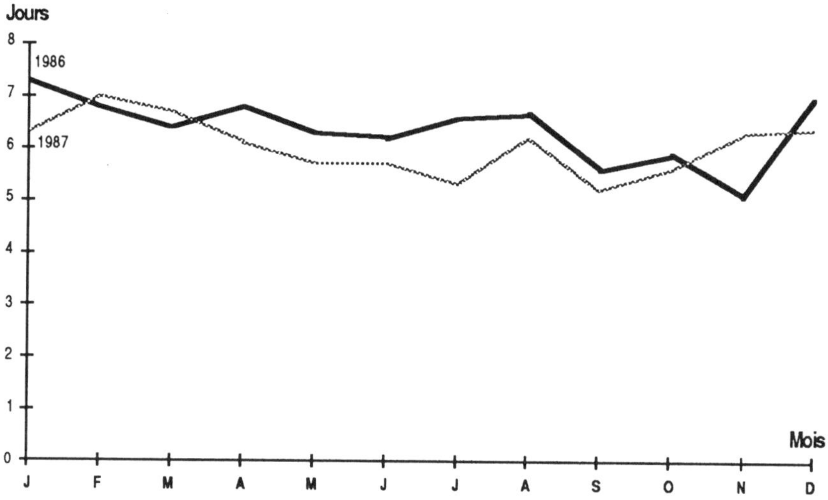

Source : *C.R.O.A.T.*

Nous avons vu que l'hôtellerie de luxe représentait plus de la moitié de l'hôtellerie guadeloupéenne et qu'elle est fortement concentrée. Les touristes trouvent dans ces grands complexes hôteliers, outre l'hébergement, tout ce dont ils ont besoin : des bars, des restaurants, des services divers et une animation complète ; généralement ils vivent confinés à l'intérieur de ces établissements. Ils sortent peu en se limitant aux casinos, golf ou restaurants qui se trouvent dans la station. Ils font au cours de leur séjour une ou deux excursions proposées par les agences de voyages qui les conduisent dans les sites les plus réputés de l'île. En règle générale ils ont peu l'occasion d'entrer en contact avec les habitants, hormis le personnel des hôtels. Ceux qui viennent passer une semaine au Club Méditerranée, essentiellement des Américains et des Canadiens, vivent encore plus isolés à l'intérieur des "villages". Leurs journées sont entièrement occupées par différents loisirs sportifs et par des animations organisés par les "gentils organisateurs". Ces animateurs parlent l'anglais et sont principalement des Métropolitains. Seul le personnel de service est guadeloupéen. Les forfaits payés d'avance comprennent généralement toutes les animations. Ils incitent peu les vacanciers à quitter le "village". De même, les touristes qui viennent dans les grands hôtels de luxe ont payé un forfait d'une semaine comprenant l'hébergement, la demi-pension et une grande partie des animations sportives et nocturnes.

Toutefois, on remarque depuis quelques années une évolution du comportement des touristes qui fréquentent ces établissements. Cette modification est liée au développement des services et des équipements touristiques dans l'archipel : les voitures de location sont plus nombreuses, les restaurants et les commerces touristiques se sont multipliés, la signalisation des routes touristiques est meilleure, les informations sont plus abondantes. La raison de ce changement tient aussi à l'évolution des goûts et des mentalités des touristes. En particulier, les Métropolitains, aujourd'hui les plus nombreux, cherchent davantage à découvrir le pays et son originalité. Ils accordent moins d'importance à leur lieu d'accueil. Ils ont tendance à sillonner davantage le pays, à rechercher le contact avec les habitants. On observe d'ailleurs une évolution de la présentation de ces séjours dans les catalogues des agences de voyages, notamment en Métropole. Il y a dix ans, les descriptions de ces séjours portaient essentiellement sur l'hôtel, son confort, son luxe ; on insistait sur l'équipement de la salle de bain, la climatisation, le téléphone dans les chambres, la moquette..., sur la présence d'une piscine, d'un tennis, d'une discothèque... Le pays et les habitants étaient présentés sommairement. Aujourd'hui, les fabricants de voyages, qui ont étudié l'évolution de la demande touristique, présentent ces séjours différemment. Les descriptions insistent sur l'originalité de l'île, la beauté de ses paysages et sa richesse culturelle. Ainsi dans le catalogue "*Rev'Antilles 1986*" nous trouvons sur les deux premières pages, outre des renseignements pratiques, un "calendrier des fêtes antillaises" qui met en évidence les spécificités culturelles des habitants.

Les touristes qui fréquentent la petite hôtellerie se distinguent de la clientèle de l'hôtellerie de luxe. Nous avons vu que ces établissements étaient mieux répartis sur l'ensemble de l'archipel, situés bien souvent à l'intérieur des villages et qu'ils proposaient aux vacanciers une image nouvelle de la Guadeloupe dans une ambiance familiale. Ils représentent plus de 40 % de l'hébergement hôtelier. Depuis la fin des années 1970, les touristes manifestent un intérêt réel pour cette formule de vacances. Déjà, lors de la crise hôtelière en 1979-1980, contrairement aux grands hôtels, la petite hôtellerie était restée très fréquentée. Aujourd'hui, ces hôtels sont souvent complets, ce qui traduit leur succès commercial. L'intérêt qu'ils suscitent peut être apprécié à travers la place qu'ils tiennent actuellement dans les catalogues des agences de voyages notamment en France. Ainsi "*Rev'Antilles 1987*" présente les "Relais Créoles" sur des pages entières. L'Office Départemental du Tourisme de la Guadeloupe propose une brochure détaillée sur ces établissements. Les vacanciers qui fréquentent les petits hôtels sont surtout les Français (Métropolitains, Martiniquais, Guadeloupéens...) les Allemands, et les Canadiens-Québécois. Ils apprécient le cadre authentique, le contact avec la population. Le succès est révélateur de l'évolution de la clientèle touristique.

Derrière l'évolution générale de la clientèle hôtelière que nous venons de décrire se cachent des attitudes et des mentalités très typées selon l'origine géographique des vacanciers. Une analyse plus fine des comportements nous paraît indispensable pour mieux comprendre les réactions des habitants.

L'origine géographique de la clientèle hôtelière

Aujourd'hui selon les statistiques connues près des 2/3 (64,4 %) des clients de l'hôtellerie sont des Français, 13,6 % viennent des autres pays d'Europe, 20,3 % d'Amérique du Nord.

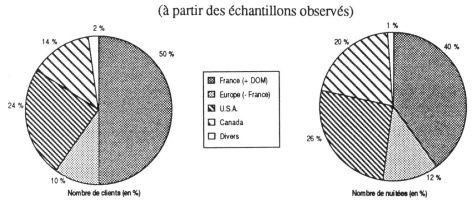

FIGURE 12 - **Répartition de la clientèle hôtelière, selon les origines géographiques en 1985**
(à partir des échantillons observés)

Source : *Office du Tourisme.*

Les touristes nord-américains furent les premiers à séjourner en Guadeloupe et pendant longtemps restèrent les principaux clients. Leur nombre a considérablement augmenté (cf. tableau 4) : de 25 000 en 1970 ils sont passés à plus de 80 000 en 1985. Depuis 3 ans, on assiste cependant à un net recul de cette clientèle, qui a été évaluée à 60 000 en 1987, et la fermeture des lignes régulières sur le Raizet de deux grandes compagnies américaines va accentuer cette baisse. En réalité les touristes nord-américains qui se détournent de la Guadeloupe continentale sont de plus en plus attirés par les îles du Nord.

Parmi la clientèle nord-américaine, *les Américains* sont les plus nombreux ; plus de 50 000 sont venus en 1985 principalement durant la haute saison comme le montre la figure 13, avec une dominante pendant les fêtes de fin d'année, de Noël et de février (ce mois correspond à de nombreuses fêtes officielles aux Etats-Unis). Ils séjournent en moyenne 6,6 jours, soit une semaine.

FIGURE 13 - **Variation mensuelle du nombre de clients américains en 1984** (dans les hôtels observés par le C.R.O.A.T. qui représentant 72 % de la capacité hôtelière)

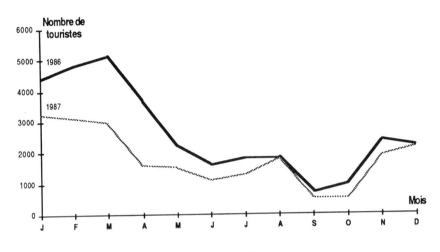

Source : *C.R.O.A.T.*

Nous possédons des renseignements intéressants sur ces touristes grâce à un sondage effectué en 1980 par la compagnie aérienne American Airlines auprès de 7 000 passagers. Les résultats de cette enquête révèlent des points de vue proches de ceux des touristes de croisière. Il s'agit d'une clientèle aisée, (plus de la moitié d'entre eux avaient des revenus annuels supérieurs à 50 000 dollars américains). Parmi eux 30 % étaient des cadres, 31 % exerçaient une profession libérale ; ils étaient venus en couples et les trois-quarts avaient entre 30 et 59 ans. Ils avaient choisi de venir dans cette île qu'ils avaient connue par la télévision et les journaux, attirés par ses paysages, la mer et les possibilités nautiques. C'est la Guadeloupe en tant qu'île française qui avait retenu leur attention. Ils venaient là pour trouver la civilisation française, ses moeurs, ses traditions, la cuisine, le folklore, la "fête française". L'analyse des motivations révèle un malentendu qui permet de comprendre leurs appréciations. Les Américains font état d'une forte satisfaction pour ce qui est des paysages, du climat, des plages, et des possibilités sportives liées à la mer. Les autres animations sportives comme le golf, le tennis, la pêche en mer, ainsi que les conditions de logement ont été jugées plutôt satisfaisantes. Par contre plus d'un Américain sur deux a été déçu par les animations nocturnes et les activités culturelles proposées dans l'île. Ils se sont plaints de l'accueil et n'ont pas trouvé les habitants hospitaliers. Certains ont déclaré "ne pas avoir pu parler pendant une semaine" ; d'autres ont eu le sentiment d'être mal acceptés voire rejetés par la population locale. Les Américains ont été déçus car ils espéraient trouver la France à proximité de leur pays. Or la population guadeloupéenne est soucieuse d'affirmer sa spécificité culturelle. Aussi les contacts entre ces touristes indifférents et étrangers à la personnalité antillaise ne pouvaient pas s'établir.

Inversement, depuis 4 ou 5 ans, les Américains sont fortement attirés par les îles du Nord qu'ils découvrent (ils fréquentaient jusqu'alors surtout la partie hollandaise de Saint-Martin). La presque totalité des touristes qui viennent à Saint-Martin et à Saint-Barthélémy, sont en effet originaires des Etats-Unis. C'est justement cette forte demande qui a provoqué le développement brutal du tourisme dans ces deux îles.

A Saint-Martin, ils apprécient les paysages, les plages, les possibilités de loisirs, les luxueux hôtels et les commerces où ils peuvent faire des achats en "duty-free". A Saint-Martin, on parle l'américain et le dollar est la monnaie la plus utilisée ! Des Américains investissent dans l'immobilier touristique, en particulier dans les résidences de tourisme.

A Saint-Barthélémy, un grand nombre de luxueuses villas récentes appartiennent à des Américains. La principale agence de location de villas (plus de 200 en location) est tenue par une Américaine qui les loue à des compatriotes. Certains touristes arrivent directement à l'aéroport Saint-Jean, à bord de petits avions privés.

Ici, ils apprécient la beauté de l'île, son caractère original et intime, son atmosphère de vieille province française, et l'accueil chaleureux des habitants. Les Saint-Barth, sont en effet, les descendants d'anciennes familles originaires de l'ouest de la France, venues s'installer au XVIIe siècle, dont ils ont gardé certaines coutumes.

Il est difficile, à l'heure actuelle, de connaître le nombre de ces touristes. Mais selon l'Office du Tourisme de Saint-Martin, ils seraient 450 000 à 500 000 à venir chaque année faire un séjour d'une dizaine de jours, dans l'ensemble de l'île de Saint-Martin ! On peut s'interroger sur la solidité de ce tourisme, fortement spécialisé dans une clientèle susceptible de changer brusquement la destination. Déjà, des inquiétudes se font jour à Saint-Martin : l'été 1988 a été une mauvaise saison, les Américains ont été moins nombreux et moins riches, selon les dires des professionnels !

Les touristes canadiens fréquentent la Guadeloupe depuis de longues années. L'un des premiers hôtels, "Les Alizés", fut construit grâce à des capitaux franco-québécois. Leur nombre a augmenté au fil des années. Ils étaient 6 à 7000 au début des années 1970, 18 000 en 1978, 20 000 en 1984, 30 000 en 1985 (14 % de la clientèle). Mais depuis trois ans, ils sont moins nombreux (18 000 en 1987, soit 6,1 % du total de la clientèle). Choisissent-ils d'autres modes d'hébergement, boudent-ils, la Guadeloupe -du moins continentale- ? Sans doute : 11 000 passagers ont embarqué à Montréal à destination du Raizet en 1987, alors que l'année précédente ils étaient près de 20 000 !

Comme les Américains ils viennent surtout pendant la haute saison et effectuent des séjours relativement longs (9 jours). Nous ne possédons pas d'études particulières à leur sujet. Toutefois d'après les observations et les dires des professionnels du tourisme qui travaillent spécialement avec cette clientèle, ils seraient en général satisfaits des paysages, du climat, des plages de l'île ; par contre ils seraient déçus par le manque de communication avec les habitants. Les Québécois en particulier souhaiteraient établir davantage de contacts avec les Guadeloupéens avec qui ils partagent la langue et la civilisation. Ils recherchent volontiers les petits hôtels à ambiance familiale, ils s'intéressent au mode de vie des Antillais et sont sensibles à tous le signes qui évoquent la "vieille France". Ils aiment se promener dans les bourgs, apprécient la cuisine traditionnelle, les danses folkloriques ; ils se plaisent beaucoup à Saint-Barthélémy qui rappelle la Normandie du XVIIIe siècle.

La clientèle française séjournant dans les hôtels guadeloupéens représente en 1975, 108 000 personnes soit plus des deux tiers de la clientèle hôtelière ! Les statistiques ne permettent pas de différencier l'origine géographique des Français : quelques-uns peuvent venir de la Martinique, de la Guyane, de l'archipel guadeloupéen mais la plupart sont des Métropolitains et tous ne sont pas des touristes ! L'évolution de la fréquentation hôtelière (tableau 4) met en évidence le décollage du tourisme français en Guadeloupe au début des années soixante dix : 16 000 en 1970, 120 000 en 1976. Depuis ces dix dernières années la fréquentation est à la fois élevée et irrégulière : il y a eu une baisse en 1978 puis une remontée jusqu'à aujourd'hui. En fait ces chiffres sous-estiment le nombre réel des touristes métropolitains car ils sont de plus en plus nombreux à choisir d'autres formules d'hébergement telles que les résidences locatives, les gîtes ruraux, l'accueil chez des parents ou des amis. Leur arrivée massive et soudaine s'explique par la promotion importante qui a été faite en Métropole, par la baisse relative des coûts de transports et par le développement des grands voyages.

Pour les Métropolitains, la Guadeloupe évoque l'image d'une île lointaine aux paysages et au climat tropicaux ; elle offre aussi l'image rassurante d'un département français. Les Métropolitains recherchent la découverte du milieu antillais, apprécient la cuisine créole, la musique, l'ambiance.

Pour les Guadeloupéens, la présence des touristes métropolitains marque une évolution significative : il ne s'agit pas d'étrangers mais de Français avec qui ils partagent la langue et la culture. Leur arrivée a créé une situation de rencontre nouvelle : auparavant les Guadeloupéens ne connaissaient les Métropolitains qu'à travers ceux qui étaient installés dans l'île ou bien parce qu'ils avaient eux-mêmes voyagé ou travaillé en France. L'île est devenue un centre d'intérêt pour une catégorie de Métropolitains et il y a désormais une certaine réciprocité dans les échanges. Ainsi l'image de la Guadeloupe s'est trouvée valorisée et les touristes ont participé au rapprochement avec la métropole. Les relations qui s'établissent entre ces vacanciers et les résidents prennent donc une importance qui dépasse le simple cadre du tourisme, et la qualité de ces contacts influe sur l'image de la Métropole en Guadeloupe. D'où l'intérêt de mieux connaître ces vacanciers. Malheureusement, on ne dispose aujourd'hui d'aucune étude particulière pour identifier ces touristes, connaître leurs motivations et leurs degrés de satisfaction. Les touristes français viennent toute l'année, en particulier durant la haute saison et en juillet-août. Pour les périodes d'hiver, l'île leur offre le soleil et des possibilités de baignade. Pour la période estivale ce choix correspond davantage à l'attrait d'une destination lointaine, en dépit d'un climat particulièrement chaud et humide aux Antilles (l'hivernage) et d'une saison généralement agréable en Europe.

FIGURE 14 - **Variation mensuelle de la clientèle française**

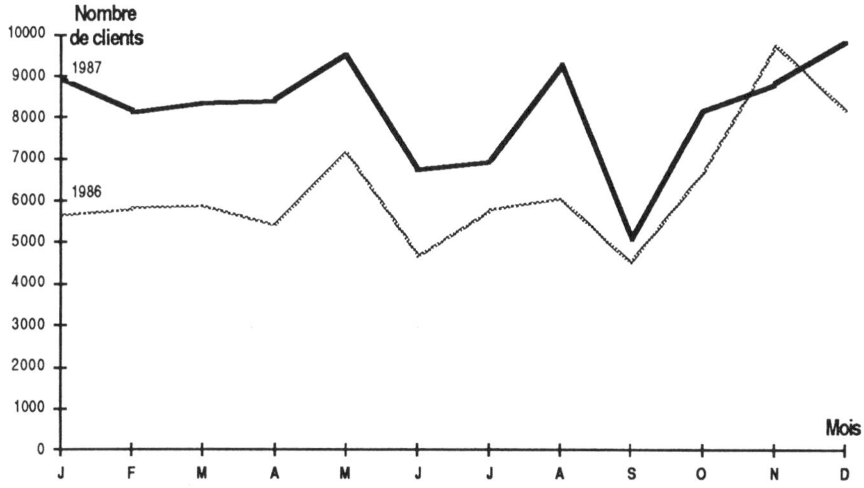

Sources : *CROAT Office du Tourisme de Guadeloupe*

Ces touristes se répartissent sur l'ensemble de l'archipel car ils fréquentent beaucoup la petite hôtellerie. Ils apprécient cette forme d'hébergement bien intégrée dans le milieu local. La durée moyenne de leur séjour est de cinq nuits. Ce chiffre, inférieur à la moyenne, s'explique en partie par le fait qu'il comptabilise la clientèle d'affaires. La brièveté des séjours dans les hôtels laisse penser que les relations avec les habitants restent superficielles ; toutefois les touristes métropolitains viennent aussi, nombreux, dans les autres formules d'hébergement où ils séjournent plus longtemps. Le succès de la Guadeloupe auprès de la clientèle française tient au phénomène de mode et au rôle de la publicité. En fait les motivations profondes sont difficiles à connaître : elles sont certainement très variées ; en conséquence les liens qui peuvent s'établir avec les habitants sont très divers. En 1987, le nombre de touristes en provenance de Métropole a augmenté de

30 % en raison de la baisse des tarifs aériens provoquée par l'introduction de charters.

Les touristes européens (autres que Français), viennent de plus en plus en Guadeloupe. Près de 40 000 ont pris des vacances dans les hôtels guadeloupéens en 1987 ; les Suisses et les Italiens sont les plus nombreux, suivis par les Allemands et les Belges. Généralement, ils partent de l'une des grandes villes françaises desservant le Raizet, ou bien de Bruxelles. Ils fréquentent les hôtels, mais aussi les petits établissements qu'ils apprécient pour leur charme et leur cadre. Les contacts avec les habitants sont gênés par les barrières linguistiques.

Ainsi, les comportements des touristes dans les hôtels guadeloupéens et leurs contacts avec la population sont d'une grande diversité. Mais les touristes ne se limitent pas à la seule clientèle hôtelière.

Les autres touristes

Les vacanciers qui séjournent dans les résidences de tourisme, les villas, les appartements, peuvent être considérés comme un groupe particulier, d'un genre nouveau.

Dans les résidences de tourisme, souvent situées à proximité des complexes hôteliers, ils sont très comparables aux clients des hôtels voisins, dont ils partagent les loisirs, les restaurants… Mais certains vivent de manière beaucoup plus indépendante. Ils disposent d'une voiture et visitent l'île, préparent leurs repas… Cette formule attire les vacanciers qui souhaitent une certaine liberté et des prix moins élevés que dans l'hôtellerie. On y trouve des Métropolitains qui viennent en famille, entre amis, des Guadeloupéens vivant en Métropole qui préfèrent passer leurs vacances dans l'île indépendamment de leurs familles. Il y a aussi de nombreux Antillais, surtout pendant les mois de juillet et août dans les résidences de Gosier et de Saint-François.

Ces vacanciers s'intègrent mieux dans l'île. Ils utilisent les différents services et commerces, les structures de loisirs, les restaurants etc…

Les villas, de Saint-Barthélémy ou de Saint-François par exemple, sont généralement occupées par une clientèle privilégiée [2] nord-américaine, ou parfois, métropolitaine.

Avec le développement de ces formules d'hébergement apparaissent de nouveaux types de vacanciers plus contrastés socialement, et vivant moins repliés sur leurs structures d'accueil.

Les touristes qui utilisent les gîtes ruraux sont surtout des Métropolitains. Ce sont des cadres, des employés, certains viennent par l'intermédiaire des comités d'entreprises, généralement durant les vacances scolaires, en particulier en juillet-août. Ces vacanciers sont "intégrés" dans la

---

[2] Un bungalow (2 personnes) "La Colline" à Saint-Barthélémy est proposé à 1000 $ le week-end en hiver, 650 en été ; une luxueuse villa "Villa Castelle" y est proposée de 3 700 à 3 500 $, le week-end en saison d'hiver. (Source : *Travel Agents'Helper*).

vie antillaise : ils logent chez l'habitant, à l'intérieur d'un bourg ou d'un quartier, ce qui facilite le contact avec la population. Ils ont d'excellentes relations avec leurs hôtes : ceux-ci viennent généralement les accueillir à l'aéroport et leur offrent un repas de bienvenue. Ces touristes louent une voiture et partent à la découverte du pays. Le choix de cette forme d'hébergement relativement économique traduit une curiosité certaine. Les touristes locaux utilisent aussi ce mode d'hébergement dans un but sans doute analogue. Les données concernant les vacanciers ayant séjourné dans un gîte, une chambre d'hôte, sont à la fois rares et peu concordantes.

Les Antillais de Métropole en vacances dans l'archipel. Un fait est sûr, ils retournent de plus en plus chez eux à l'occasion des vacances. En effet, depuis quelques années, le voyage s'est banalisé, est entré dans les moeurs, la fréquence des vols et surtout l'abaissement du coût du transport, renforcé par la concurrence introduite par les charters, ont favorisé cette évolution. Ils viennent pendant les congés scolaires et surtout en juillet-août pour 3 ou 4 semaines, plus ou moins régulièrement. Tel est le cas des fonctionnaires qui bénéficient de conditions avantageuses. Il faut voir l'aéroport du Raizet, certains soirs de juillet et d'août, alors que deux avions en provenance de Paris atterrissent puis décollent à une heure d'intervalle. L'aérogare fourmille de monde dont une bonne proportion d'Antillais chargés de bagages lourds et encombrants. A la sortie, des centaines de familles, parents, amis, sont là qui attendent les nouveaux venus. L'aéroport est sans aucun doute le lieu le plus fréquenté de toute l'île, où l'on se retrouve, on discute ...

Les touristes locaux sont des touristes d'un type bien particulier. Les habitants de la Guadeloupe passent aussi une partie de leurs vacances ou quelques jours à l'occasion des fêtes dans une autre commune ou une autre île de l'archipel. Ce tourisme intérieur est actuellement important mais mal connu. La Compagnie Air Guadeloupe a réalisé en 1980 un sondage sur ses lignes qui donnait les résultats suivants : 60 % des passagers habitaient dans les "Dépendances", 30 % le "Continent", 27 % des premiers cités possédaient une résidence secondaire en Grande-Terre ou en Basse-Terre, 23 % se déplaçaient pour "des vacances", 22 % pour rendre visite à des parents ou des amis, 20 % pour le travail, 17 % pour faire des achats. Autrement dit, près des trois quarts de ces passagers étaient en fait des touristes locaux. Ce sondage établissait aussi que la durée moyenne des séjours était de 8 à 9 jours. Par ailleurs, de plus en plus d'habitants de Basse-Terre viennent passer quelques jours sur les plages de la "Riviera sud", des Pointois séjournent à Deshaies... Les touristes locaux ont, avant tout, la possibilité d'être hébergés chez des parents, des amis ou dans des résidences secondaires ; ils fréquentent aussi la petite hôtellerie et dans une moindre mesure les grands hôtels. Ils louent de plus en plus un appartement ou une villa. Quelques familles campent sur la plage de Saint-

François ou au camping de Deshaies, d'autres se rendent chaque année pour une ou deux semaines au VVF de Saint-François où les familles les plus modestes bénéficient d'une aide financière. Cette formule a connu un tel succès que le VVF a été agrandi en 1977. En 1982, il a accueilli 3 687 personnes originaires de l'archipel, surtout des familles de 4 à 6 personnes durant les congés scolaires ; parmi ces vacanciers 107 familles étaient aidées par la Caisse d'Allocations Familiales ou les comités d'entreprises. Cette même année, 1 338 personnes venaient de l'extérieur : il s'agissait de Métropolitains.

Nous étudierons le comportement des touristes locaux dans le cadre de l'évolution des pratiques de loisirs.

Les touristes sont aujourd'hui nombreux en Guadeloupe. La diversification des structures d'accueil a permis la diversification des origines géographiques (moins d'Américains et plus d'Européens en valeur relative) et des catégories socio-professionnelles (plus de classes moyennes). Les comportements des vacanciers à l'égard de la Guadeloupe ont donc évolué : les nouveaux touristes cherchent, plus qu'autrefois, à connaître le pays.

Lorsqu'un Pointois ou un Saint-Martinois se rend au restaurant ou sur une plage, lorsqu'il va se promener à la Pointe-des-Châteaux ou dans le Parc Naturel, il rencontre fréquemment des Américains, des Canadiens, des Métropolitains, des Allemands... Pour l'hôtelier, le restaurateur, le chauffeur de taxi, les touristes sont désormais des clients qui leur permettent de gagner leur vie. Comment les "acteurs du tourisme" réagissent-ils face à leur clientèle ? Comment, au-delà de ce groupe très impliqué dans l'industrie touristique, la population dans son ensemble perçoit-elle le développement de cette activité des loisirs ?

LES ACTEURS DU TOURISME

L'administration locale du tourisme, les chambres consulaires concernées, les gérants des entreprises touristiques d'origines extérieures, les professionnels locaux ont joué, avec des variations dans le temps et l'intensité, un rôle moteur dans le développement du tourisme dont ils sont les principaux partenaires. Il s'agit d'exposer leurs opinions, leurs comportements, leurs modes de participation à cette activité. Nous allons démonter leurs discours et leurs actions à travers les déclarations qu'ils ont pu faire et les enquêtes que nous avons menées.

LES PARTENAIRES LOCAUX
Les institutions

Nous avons vu précédemment le rôle des administrations et des organismes publics et para-publics dans la mise en place du tourisme, ainsi que les participations des différentes administrations départementales. Les organismes touristiques sont les pivots de cette activité. Les collectivités locales jouent un rôle en matière d'aménagement, de financement, de réalisation de "produits touristiques" ; leurs pouvoirs et leurs libertés se sont renforcés avec la décentralisation. Elles interviennent par l'intermédiaire des structures qu'elles ont créées et auxquelles elles participent ou délèguent leurs initiatives. Ce sont principalement : le Comité Régional du Tourisme, l'Office Départemental du Tourisme et les Syndicats d'initiative, l'Agence Guadeloupéenne de l'Environnement du Tourisme et des Loisirs (A.G.E.T.L.).

Les Syndicats d'initiative

Ce sont les structures touristiques qui furent installées les premières. Les plus anciens syndicats sont ceux de Pointe-à-Pitre et de Basse-Terre. Ils ont un statut d'association régie par la loi de 1901 ; ils se sont organisés au sein de "l'Union Départementale des Offices du Tourisme et Syndicats d'Initiative". A partir des années 1960, leur rôle s'est effacé avec la création de l'Office Départemental du Tourisme. A plusieurs reprises les présidents de ces syndicats d'initiative ont exprimé leur mécontentement, par exemple lors de la crise du tourisme à la fin des années 1970 et à la suite de la création du Comité Régional du tourisme. C'est ainsi que le président du syndicat d'initiative de Pointe-à-Pitre, par ailleurs président de l'Union Départementale des Offices du Tourisme et syndicats d'initiative, a présenté à un journaliste de la presse spécialisée le problème et les malaises de ces associations [1]. Il se plaignait notamment de n'être point écouté par les responsables locaux du tourisme qui ne prenaient pas en compte leurs propositions. Il proposait alors la création d'un syndicat d'initiative dans chaque commune, une information et une sensibilisation de la population au phénomène touristique. Il souhaitait créer et diffuser des prospectus pour inciter les habitants à mieux profiter des équipements et activités de loisirs ; pour inciter les agriculteurs et les pêcheurs à créer des gîtes ruraux, à s'organiser pour augmenter leurs productions et les vendre aux hôtels ; pour inciter les chauffeurs de taxi à apprendre les langues étrangères et les restaurateurs à offrir une cuisine régionale. Dans la perspective de ces recommandations, plusieurs syndicats d'initiative se sont créés notamment dans les communes du Gosier, des Abymes, de Saint-Claude, Bouillante, Saint-Martin, Saint-Barthélémy... Ils proposent des projets nouveaux de développement touristique : thermalisme, circuits à travers la mangrove, l'îlet à Gosier... Ils sont l'expression de l'action des communes.

L'Office Départemental du Tourisme de Guadeloupe

Il a été créé et installé à Pointe-à-Pitre en 1960 ; il a un statut d'association et pour rôle l'action promotionnelle du tourisme, l'accueil, l'information des touristes et la sensibilisation de la population au phénomène touristique. L'essor de cette activité a considérablement accru son importance. Son président a fait ressortir à l'occasion de l'Assemblée Générale annuelle de 1987 toutes les actions menées en matière de production et de commercialisation ainsi que les nouveautés en matière de publicité : création d'une photothèque, réalisation de trois films (un en collaboration avec la Martinique, "*Antilles françaises*" ; un deuxième intitulé "*La Guadeloupe et ses îles*" ; un troisième décrivant les richesses de l'archipel). Il a également souligné les préoccupations de l'Office, à savoir la propreté de l'île, la maîtrise de l'environnement qui implique la nécessité de constituer des réserves foncières à vocation touristique. Il a annoncé que des organisations et

---
[1] *L'Echo touristique*, octobre 1980.

associations jusque là absentes, comme les gîtes ruraux, le village de vacances-familles, les Groupements pour le développement du Carnaval et des fêtes, etc... siègeront désormais à l'Office Départemental du Tourisme. Actuellement, l'Office mène une intense campagne de promotion de l'île de Saint-Martin sur les Etats-Unis et de manière générale la promotion de l'archipel sur les marchés européen et métropolitain, par des campagnes publicitaires, sur les radios, la télévision, les foires...

Le Comité Régional du Tourisme

Il a été créé en 1978 par arrêté ministériel ; il est composé de 19 membres représentatifs des intérêts touristiques et a un rôle institutionnel auprès des organismes publics régionaux. Le Délégué Régional, nommé par le Secrétaire d'Etat au Tourisme, a pour rôle de veiller, sous l'autorité du Commissaire de la République, à l'expansion de l'activité touristique et au développement de la promotion touristique. Il fait le lien entre l'administration, les élus et les professionnels. Les actions du Comité Régional du tourisme se sont élargies avec la création entre 1981 du Centre Régional d'Observation de l'Activité Touristique (C.R.O.A.T.) chargé d'étudier l'activité touristique et les loisirs des populations résidentes. Le Délégué du Comité Régional du Tourisme était également Directeur de l'Office du Tourisme. Il était donc perçu comme le véritable responsable de cette activité par les professionnels.

L'Agence Guadeloupéenne de l'Environnement du Tourisme et des Loisirs (A.G.E.T.L.)

Elle a été créée fin 1986 et elle est une émanation du Conseil Régional qui souhaite en faire "le lieu unique de la politique touristique de la Région Guadeloupe". Ses attributions sont très vastes (aménagement, planification, formation, coordination des actions, études statistiques...)

Actuellement, l'Agence définit le schéma d'aménagement touristique et porte ses actions sur les problèmes du développement touristique et de la protection de l'environnement...

Il s'agit d'un établissement public dont le Conseil d'Administration comprend 23 membres dont 15 élus régionaux, 7 socio-professionnels, un représentant de l'Office du Tourisme. Il est financé par le Conseil Régional, les subventions de l'Etat et de la Communauté Européenne, les participations des communes, du département, des organismes intéressés etc...

Les chambres consulaires

Les Chambres de Commerce et d'Industrie de Pointe-à-Pitre et de Basse-Terre ont mené très tôt des actions en faveur du tourisme. Elles ont participé en tant que partenaires privilégiés à l'élaboration de la politique touristique en assistant aux différentes consultations organisées par les décideurs nationaux ou régionaux. Elles travaillent en collaboration avec les différents partenaires du tourisme. La Chambre de Commerce et d'Industrie de Pointe-à-Pitre s'est engagée très tôt dans le lancement du tourisme en réalisant les premiers établissements et elle a constamment poursuivi des actions dans ce sens. Dans la revue qu'elle publie, *"Guadeloupe Economique"*, elle présente régulièrement cette activité. En 1978, elle a réalisé un numéro spécial consacré au tourisme dans lequel elle cherche à prouver, à travers divers articles, l'importance économique de cette activité. Elle cite le montant des chiffres d'affaires réalisés par l'hôtellerie (supérieurs en 1978 à l'exportation de la canne à sucre et de la banane), l'importance des masses salariales distribuées par les hôtels (20 % de la masse salariale totale), les investissements réalisés et leurs effets sur l'emploi dans le bâtiment et les travaux publics. Ces articles démontrent les effets du tourisme sur l'emploi et en particulier l'emploi féminin :

> «Le secteur de l'hôtellerie complète les autres secteurs en faisant appel à une plus forte proportion de main-d'oeuvre féminine».

Dans ce même dossier la Chambre de Commerce et d'Industrie de Pointe-à-Pitre propose "une politique dynamique", notamment des actions de diversification du parc hôtelier avec le développement de la moyenne et petite hôtellerie, en particulier dans les Dépendances, et des actions de diversification des implantations d'hébergement ; elle souhaite aussi que les Guadeloupéens profitent mieux de cette activité :

> «Le tourisme doit offrir des possibilités constantes de promotion et d'enrichissement, l'enseignement et la formation du personnel doivent être poursuivis à tous les niveaux ; le tourisme doit être accepté par la population parce que son adhésion est une condition de réussite».

La protection de l'environnement et du cadre de vie font aussi partie de ses préoccupations :

> «La sauvegarde de la beauté de l'archipel ne pourra que rencontrer le souci des habitants du département et de ceux qui le visitent».

En 1977, les Chambres de Commerce et d'Industrie de Guadeloupe ont organisé un séminaire à Saint-Martin sur le thème *"Développement de l'industrie et du tourisme"*. En 1976, la Chambre de Commerce et d'Industrie de Pointe-à-Pitre a acquis l'ancien hôtel "Montauban", devenu "Ecotel", où elle a mis en place une formation aux métiers de l'hôtellerie pour de jeunes stagiaires, ainsi qu'une formation pour les gérants et exploitants de la petite hôtellerie, en liaison avec la Direction de la Promotion Touristique de la Préfecture. Actuellement la formation CEFORTEL (Centre de Formation Professionnelle aux Métiers de l'Hôtellerie) qu'elle assure en relation avec la petite hôtellerie, complète les autres formations existantes dans l'île qui sont dispensées par le Lycée d'enseignement professionnel Baimbridge à Pointe-à-Pitre, l'A.G.F.R.M.O. (Association Guadeloupéenne pour la Formation Rationnelle de la Main-d'Oeuvre) au "Relais de la Grande Soufrière" à Saint-

Claude, et les chaînes hôtelières. Le président de la Chambre de Commerce et d'Industrie de Pointe-à-Pitre, dans une interview réalisée par "*Le Monde*" (5 décembre 1985) a déclaré :

> «Ce n'est pas l'agriculture qui peut créer des emplois, ce n'est pas non plus l'industrie. Il reste le secteur des services, et c'est là que, à mon avis, sans pour autant résoudre le problème du chômage, on peut créer des emplois, en particulier dans le secteur touristique».

Il réaffirme alors sa confiance en cette activité qui est pour lui un secteur d'avenir ; il ajoute :

> «Je pense que l'on peut aménager toute la côte nord de la Basse-Terre, de Sainte-Rose jusqu'à Pointe-Noire, mais aussi construire encore en Grande-Terre à Sainte-Anne, Saint-François, l'Anse-Bertrand... Quand on voit ce qui a été fait à la Barbade, la Guadeloupe est vide à côté».

Il fait alors allusion au "Plan Reagan" pour le développement de la Caraïbe qui vise à encourager les investisseurs à s'installer dans cette région et en Amérique Centrale.

Ainsi, depuis les débuts du tourisme, la Chambre de Commerce et d'Industrie de Pointe-à-Pitre a toujours cherché à faire du tourisme une activité importante et durable. Actuellement, elle poursuit et étend ses actions en faveur du développement touristique. En 1987, elle a réalisé des documents d'information pour les touristes francophones, et pour sensibiliser les agents de voyage à cette destination. L'activité touristique étant jugée mal connue et mal reconnue par la population, elle a mené durant trois mois une campagne de sensibilisation à partir de projections de films à la télévision basés sur le slogan : «le tourisme, un vrai produit local». En matière de formation, elle a mis en place un stage portant sur "l'animation sur les sites touristiques" pour une quinzaine d'étudiants.

Par ailleurs, elle mène des actions de promotion du tourisme nautique, en particulier pour la marina de Saint-François qu'elle gère. Enfin, elle envisage plusieurs projets en matière d'équipement : l'aménagement de la salle d'arrivée de l'aérogare au Raizet, un nouvel aéroport pour 1995, pour le trafic international, ainsi que des projets de développement du tourisme de croisière pour la clientèle européenne.

De création beaucoup plus récente (1973) la Chambre de Métiers de la Guadeloupe n'a pu s'impliquer pleinement dans le tourisme, du moins à ses débuts. Les artisans regrettent de n'avoir pu intervenir dans la construction des équipements car ce sont les grandes entreprises, disent-ils, qui ont bénéficié des chantiers. Ils pensent toutefois que si le tourisme continue à se développer, mais sous une autre forme (par la construction de bungalows par exemple) ils pourront certainement y prendre part. Dans le domaine de l'artisanat d'art ils regrettent de n'avoir pas été en mesure de répondre à la demande de la clientèle qui recherche des productions locales. Ils font remarquer cependant que, petit à petit, les Guadeloupéens se sont lancés dans diverses fabrications : objets en coquillages, poupées créoles, peintures sur tissus ; ces activités constituent le plus souvent un appoint et généralement ne sont pas déclarées. Progressivement la Chambre de Métiers s'est impliquée dans l'activité touristique et a mené des actions en faveur de l'artisanat local. A la fin des années 1970, elle a suscité la création à Vieux-Fort d'une coopérative de brodeuses qui cherche à faire revivre un métier tombé à l'abandon. Cette activité n'est pas encore rentable. Les brodeuses espèrent cependant qu'en la restructurant elle pourra devenir une source de revenus. La Chambre de Métiers souhaite que la construction de la Maison du Bois à Pointe-Noire, réalisée par le Parc Naturel, serve (outre le côté exposition et présentation de la vie traditionnelle) de support à la formation et à la spécialisation du travail du bois, et aide les jeunes à se lancer dans ces nouveaux métiers. Enfin en 1979 elle a aidé à la création, à Bas-du-Fort, d'une Société Coopérative qui regroupe une quarantaine d'exposants.

La Chambre d'Agriculture de son côté s'est surtout impliquée par le biais de la Fédération Départementale des Gîtes Ruraux et dans les différentes coopératives agricoles.

Il faut rappeler ici l'action décisive de tous les partenaires du Parc Naturel de la Guadeloupe (et notamment celle de l'O.N.F.) au cours des années soixante dix qui a abouti à l'aménagement et à la valorisation d'un vaste ensemble (voir supra : "Les équipements sportifs et les distractions liés au tourisme").

Les Investisseurs

Progressivement les Guadeloupéens ont saisi les nouveaux enjeux du tourisme et se sont investis dans les branches exigeant des capitaux de moyenne ou faible importance : agences de voyages, petite hôtellerie, restauration, commerces, services touristiques, activités de loisirs. Dans certains secteurs coexistent des sociétés nationales ou internationales et des entreprises locales, alors que dans d'autres secteurs ces dernières dominent largement.

Les agents de voyages et les loueurs de voitures

Dans ces deux activités cohabitent les entreprises locales et les agences nationales ou internationales.

Les agences de voyages

Elles se sont créées et développées parallèlement à l'essor du tourisme. Certaines se sont installées très tôt, comme l'agence Petrelluzzi, fondée en 1960, et qui a connu une réelle expansion à partir du milieu des années 1970, lorsque la clientèle touristique est devenue de plus en plus nombreuse. La Guadeloupe compte aujourd'hui une quinzaine d'agences situées essentiellement dans la ville de Pointe-à-Pitre et très secondairement à l'aéroport et à Basse-Terre. Quelques unes sont des succursales de grandes agences nationales ou internationales ou de "tours-opérators" (Agence Havas, Carib'Jet, Nouvelles Frontières...). Beaucoup se sont créées sur des initiatives locales (Agence Petrelluzzi, Agence Marie-Gabrielle, Agence Penchard, Agence Poirier fils...). Pendant longtemps leur rôle s'est limité à l'accueil des touristes et à l'organisation d'excursions dans l'archipel. Quelques unes organisaient occasionnellement, à partir de la Guadeloupe, des voyages et des séjours pour les habitants, notamment des pèlerinages à Lourdes, Rome, Damas (pour les "Syriens"), quelques voyages vers le Canada, les Etats-Unis, l'Amérique du Nord, la Guyane...

Depuis quatre ou cinq ans, cette activité a pris une ampleur considérable. Aujourd'hui, de nombreuses agences sont devenues des fabricants de voyages. Elles organisent et proposent de plus en plus de voyages et séjours vers les Etats-Unis (Floride, Nouvelle-Orléans), Puerto-Rico, le Canada, des week-ends dans les îles Caraïbes, en Guyane, au Vénézuela où les Guadeloupéens aiment faire des achats. Deux agences se sont spécialisées dans l'organisation des voyages à partir de la Guadeloupe et l'une d'entre elles a proposé des charters vers plusieurs destinations.

En quelques années, les agents de voyages ont pris en main ce secteur nouveau et sont devenus des "tours-opérators" à l'échelle locale.

Le secteur associatif s'est lancé lui aussi dans l'organisation de séjours à l'étranger. Par exemple, la Fédération des Oeuvres Laïques propose des séjours pour les jeunes, les familles, le 3ème âge, vers les îles de la Caraïbe, l'Amérique du Nord et du Sud.

Les agences de voyages travaillent en étroite collaboration avec les autres professionnels du tourisme. Les responsables des agences pensent qu'elles jouent un rôle essentiel dans la découverte de l'archipel par les vacanciers. Ils démontrent que les excursions se sont considérablement diversifiées depuis une dizaine d'années. Ils déclarant envoyer régulièrement des représentants dans les différents hôtels pour présenter aux clients le pays, les habitants, les traditions... Ils insistent particulièrement sur leurs nouvelles activités : l'organisation de voyages à partir de la Guadeloupe.

Sur plusieurs points les responsables des agences tiennent un langage comparable à celui des autres professionnels. Pour eux, le tourisme est une activité économique de premier plan et les excursions rapportent à l'île d'importantes recettes. Les dépenses que les touristes effectuent pendant ces visites assurent des retombées économiques à l'extérieur des complexes touristiques. Ce sont les restaurateurs de la Basse-Terre, du nord de la Grande-Terre, des Dépendances qui en profitent ainsi que les commerçants, les distilleries qu'ils font visiter, les vendeurs sur les marchés de Pointe-à-Pitre et de Basse-Terre, les sociétés locales de transports touristiques. Par exemple le trafic entre les Saintes et Trois-Rivières a pris une ampleur considérable. Les agences utilisent aussi la compagnie aérienne Air-Guadeloupe à qui elles affrètent des charters vers les Dépendances et les îles voisines. Leurs responsables font aussi valoir l'importance de la masse salariale qu'elles distribuent : elles emploient aujourd'hui plus de soixante-dix personnes de façon permanente, plus des guides qu'elles rémunèrent à la vacation. Ce sont surtout les femmes (70 % des emplois créés dans ce secteur) qui ont profité de ces nouveaux emplois. Certaines agences, parmi les plus importantes, mettent en avant le rôle qu'elles ont joué dans le développement du tourisme intérieur.

Les agences se sont regroupées dans le cadre de la Chambre Syndicale des Agences de Voyages Antilles-Guyane. Il arrive que leurs responsables critiquent les autres professionnels du tourisme sur certains points. Ils dénoncent en particulier l'insuffisance d'information des habitants sur l'intérêt de l'activité touristique, l'absence de formation aux métiers de l'accueil. Ils se plaignent des difficultés liées à la faible compétitivité du tourisme en Guadeloupe dont les prix sont plus élevés que dans les îles environnantes ; ils relèvent la forte dépendance du tourisme par rapport aux chaînes hôtelières :

> «Elles ne sont pas forcément intéressées par le tourisme guadeloupéen, mais bien plus par l'intérêt de leur chaîne !»

Ils soulignent encore la dépendance de cette activité vis-à-vis des éléments extérieurs, le marché américain, le cours du dollar... Ils regrettent le manque de coordination entre les différents partenaires. La Chambre Syndicale qui les représente s'est élevée plusieurs fois contre cette situation. Par exemple, lors de la crise du tourisme le président de cette organisation a accusé, dans la presse spécialisée, les responsables nationaux et locaux de la politique touristique [2] :

> «Le mal essentiel dont souffre le tourisme guadeloupéen aujourd'hui c'est le manque de clientèle ; mon avis personnel c'est qu'il y a erreur au niveau de la propagande, sur les choix des marchés qui ont été mal faits. Le budget propagande était insuffisant pour amener la clientèle vers les Caraïbes et ne pas la laisser séduire par nos concurrents des Caraïbes»

Jusqu'à ces dernières années, ils critiquaient le monopole d'Air France "qui freinait le développement du tourisme". Mais leurs préoccupations à l'heure actuelle se portent plutôt sur la conception des produits touristiques bien "ciblés" : week end "shopping" à Porto-Rico, à Caracas ; visites de plantations à la Nouvelle Orléans, du parc Disneyland, descente du Maroni en Guyane...

Les sociétés de location de voitures

Elles se sont considérablement développées au cours de ces dernières années. Les grandes compagnies nationales et internationales (Avis, Hertz, Europ-car, Budget...) se sont implantées très tôt et ont prospéré. Aujourd'hui, par exemple, la société Budget dispose (sur la Guadeloupe "continentale") de

---

[2] *L'écho Touristique*, n° 35, octobre 1980, "Les Guadeloupéens en mal de touristes".

350 véhicules, de nombreux points de location, et d'un personnel important. De nombreuses sociétés locales se sont créées au cours de ces dernières années (Agence Azur, Garage Narcisse, Agence Penchard, Mille Fleurs, Turner...). Ce secteur exige pourtant des capitaux importants. Il exerce depuis quelque temps une forte attraction sur les investisseurs antillais. Certains tentent leur chance avec deux ou trois véhicules au départ, quelques-uns réussissent, d'autres échouent. On voit certains petits loueurs fermer leur agence pour le restant de la journée dès qu'ils ont loué leurs quelques véhicules. On voit aussi des particuliers proposer une location pour la semaine par petites annonces. Il s'agit parfois de leur propre véhicule qu'ils rentabilisent. Généralement, les sociétés locales disposent d'un petit parc de véhicules (moins de 25). Beaucoup se sont installés à proximité des complexes hôteliers.

Aujourd'hui, il y a 169 sociétés de location sur la Guadeloupe "continentale". En réalité il en existe à peu près 300 si l'on tient compte des loueurs informels. L'île de Saint-Barthélémy, à elle seule, en compte 28.

La compétition est très vive entre les différents loueurs et se traduit par des tarifs variés : à la journée, à la semaine, au forfait, système de prix de base plus assurances, etc...

Certains professionnels travaillent en relation étroite avec l'Office du Tourisme, les hôteliers, les restaurateurs. Les grandes compagnies offrent leurs véhicules à la clientèle par l'intermédiaire de leurs réseaux. Les loueurs de voitures démontrent que ce secteur a connu une forte expansion au cours de ces dernières années, qu'il rapporte à l'île des recettes non négligeables et qu'il crée de nombreux emplois (gérants, employés...). La multiplication des voitures de location a favorisé la découverte du pays. Elle a été une réponse à la demande des touristes.

Les autres branches

Elles rassemblent les transporteurs, les petits hôteliers, certains habitants, les restaurateurs, les commerçants..

Les chauffeurs de taxi

Ils travaillaient depuis longtemps avec les touristes de croisière. L'afflux massif de la clientèle hôtelière a suscité un vif intérêt de leur part. Actuellement, il existe de nombreux chauffeurs indépendants et deux grandes sociétés de taxis. Ces deux sociétés se sont créées rapidement et l'une d'entre elles compte une vingtaine de taxis et de chauffeurs. En 1980, les chauffeurs de taxi se sont regroupés au sein d'une chambre syndicale. Le responsable de l'une de ces compagnies prétend :

> «Le tourisme est une véritable industrie en Guadeloupe qui pourrait être encore plus développée : un touriste donne au département cinq emplois !»

Il estime que les chauffeurs de taxi jouent un rôle important dans l'accueil car ils assurent le premier et le dernier contact avec les vacanciers.

Il affirme et constate amèrement :

«Le tourisme ne représente que 10 % du chiffre d'affaires des chauffeurs de taxi».

Le responsable du syndicat professionnel fait observer les nombreuses actions qu'ils ont menées, notamment pour installer des compteurs kilométriques sur les voitures, pour réglementer le prix des courses... Il soulève les problèmes d'organisation de la profession et les difficultés d'ententes, dénonce aussi certains chauffeurs indépendants :

«Ils refusent toute réglementation et pratiquent n'importe quel prix, ce qui donne une mauvaise image de la profession».

Conscient des nouveaux enjeux, le syndicat expose :

«Nous avons réclamé auprès de la Chambre de Métiers des cours de langues pour les chauffeurs. Cette demande n'ayant pas abouti, il a été créé, avec l'aide de la Préfecture et du Ministère du Travail des cours d'anglais, d'espagnol, de législation».

Il regrette le manque de coordination avec les autres professionnels, notamment les hôteliers et les agences de voyages :

«Ils ont tendance à privilégier les compagnies de transports en autocar, principales bénéficiaires du tourisme».

Les chauffeurs se sont rapidement mobilisés contre ces nouveaux concurrents : ils ont organisé à diverses reprises des manifestations à Pointe-à-Pitre en 1970 et 1971 pendant lesquelles ils ont dressé des barrages dans les rues pour exprimer leur mécontentement. Le reponsable de l'une des compagnies avoue :

«Nous avons réalisé trop tard qu'il y avait en fait deux marchés complémentaires».

Progressivement, des chauffeurs indépendants ont cherché à prendre en main le secteur touristique et dernièrement quelques-uns ont pris l'initiative de se regrouper et de fonder une nouvelle société : "Le Groupement des Artisans Taxis Pointois : G.A.T.P." . Ils déclarent :

«Nous voulons nous démarquer de l'image négative que les chauffeurs de taxi ont répandue dans l'île. Nous garantissons qu'ils pratiqueront les prix affichés sur les compteurs kilométriques».

Ils croient en l'avenir de cette activité et pensent que la réussite implique de nouvelles exigences. Ce conflit entre les professionnels de cette branche se double d'une rivalité avec les autres transporteurs, notamment les sociétés de transports de groupes.

Les autocaristes

Ils exposent les difficultés qu'ils ont eues pour s'imposer dans le secteur du tourisme. Pendant longtemps les excursions ont été le monopole des taxis. Une seule agence de voyages assurait le transfert des touristes par autocar entre l'aéroport et l'hôtel Fort-Royal à Deshaies. Les deux premières sociétés d'autocaristes se sont installées au début des années 1970. Soutenues par les agences de voyages, elles ont dû faire face à l'opposition des chauffeurs de taxi qui se sont mobilisés face à cette concurrence. Cependant des chauffeurs de taxi, ainsi que des transporteurs en commun, sont devenus actionnaires de ces sociétés. La création d'une troisième société, en 1978, a été perçue bien évidemment par les deux premières comme une concurrence sur le marché touristique jugé très étroit. Les sociétés d'autocaristes disposent aujourd'hui de plusieurs véhicules. Elles travaillent en étroite collaboration avec les agences de voyages, assurent les transports aéroport-hôtels, et surtout les excursions à travers l'île (les agences de voyages mettent des guides à leur disposition).

La compagnie aérienne locale Air-Guadeloupe

Société d'économie mixte, elle a étendu son trafic sur les Dépendances et les îles voisines, la Dominique, et plus récemment St-Thomas. Très vite elle a travaillé en collaboration avec les agences de voyages pour lesquelles elle affrêtait des charters pour la journée, sur de petits avions (19 à 48 places). Aujourd'hui, fortement concurrencée par les compagnies de transport maritime sur les destinations proches, en particulier Marie-Galante et Les Saintes, elle modernise sa flotte. Depuis mars 1988, pour faire face à la concurrence qui s'exercera à partir de 1992, elle est entrée dans le "réseau régional Caraïbe coordonné" formé des trois compagnies : Air France, Air Martinique, Air Guadeloupe, qui se partagent l'ensemble du réseau Caraïbe, avec trois avions du type A.T.R.42. Le "réseau régional Caraïbe coordonné" prépare un projet de mise en place d'un charter en direction de Paris, en collaboration avec une autre compagnie charter. Air Guadeloupe envisage d'étendre son trafic sur les îles du Nord, (en particulier vers les Iles Vierges américaines) et en direction de Saint-Thomas (port franc américain).

Deux compagnies charters locales se sont créées : "Air Saint-Barth Cie Charter" qui organise à partir de Saint-Barthélémy des vols sur Saint-Martin, Saint-Thomas, San-Juan de Puerto Rico, Saint-Kitts et des transports à la demande vers la Guadeloupe, la Martinique et les autres îles, l'Amérique du Sud ; "Caraïbe Air Tourisme" à l'aéroport du Raizet qui propose des vols en hélicoptère vers les Saintes et les îles de la Caraïbe.

Dans le secteur des transports maritimes, il existait déjà des transporteurs assurant le trafic entre Pointe-à-Pitre, les Dépendances, et les îles proches (Dominique) dans les années soixante. Certains ont poursuivi et développé leurs activités, mais la concurrence de l'avion a été fatale aux compagnies qui desservaient autrefois les îles du Nord (Saint-Martin et Saint-Barthélémy). Inversement, les transporteurs qui assuraient le trafic vers les îles proches (en particulier entre Trois-Rivières et Terre-de-Haut aux Saintes où les touristes venaient de plus en plus nombreux) se sont adaptés à la demande. Ils ont mis en place un service régulier et, progressivement, ils ont modernisé leur flotte. Avec le développement du tourisme, certaines investisseurs ont jugé qu'il y avait là un secteur d'activité à exploiter : aujourd'hui cinq compagnies desservent les Saintes (Terre-de-Haut) à partir de Pointe-à-Pitre, Trois-Rivières, Basse-Terre.

Récemment, une société ("Trans-Antilles-Express") s'est créée. Elle a acheté des catamarans express qui relient quotidiennement Pointe-à-Pitre, Marie-Galante, et les Saintes.

Dans le secteur de la petite hôtellerie, de la para-hôtellerie, de la restauration et des commerces, les Guadeloupéens ont bien cerné les nouvelles possibilités que le tourisme leur offrait. Les investissements des capitaux locaux se sont effectués de manière lente, progressive, en fonction de la demande. Plus tard, lorsque le tourisme a fait ses preuves, les capitaux locaux se sont investis plus largement.

Les petits hôteliers

Ils ont réussi à s'imposer progressivement. Les propriétaires de petits établissements anciens ont eu des difficultés à s'adapter aux nouvelles exigences : il fallait moderniser, mettre aux normes des hôtels souvent vétustes et inadaptés à la clientèle touristique. Certains ont vu l'utilité de ces transformations et disposaient des moyens nécessaires. Mais nombreux sont ceux qui n'ont pas pu les entreprendre ; aussi, face à la concurrence, ils ont périclité, puis fermé. Parallèlement, alors que les touristes affluaient de plus en plus nombreux, des Guadeloupéens se sont lancés dans l'hôtellerie. Ils ont créé de petits établissements (de six à vingt chambres). Certains ont agrandi leur propre maison qu'ils ont transformée en hôtel, d'autres ont construit un établissement de quelques chambres. Ils se sont installés surtout dans les régions touristiques déjà connues (Riviéra sud, Saint-Barthélémy, Saint-Martin, Terre-de-Haut) et aussi dans des secteurs plus isolés (Anse-Bertrand, Petit-Bourg, Trois-Rivières). Dès le milieu des années 1970, ils se sont mobilisés pour s'imposer. Ils se sont organisés dans le cadre d'un "Syndicat de la petite hôtellerie", puis en 1975 ils ont fondé la "Chaîne des Relais Créoles de la Guadeloupe" qui regroupe aujourd'hui 24 hôtels. Son président déclarait à la fin des années 1970 :

> «Nous voulons promouvoir la petite hôtellerie en favorisant la modernisation des établissements existants, la construction de nouveaux petits hôtels à

gestion familiale, faciliter leur exploitation grâce à la formation continue et aider à la promotion commerciale».

Elle a mené diverses actions pour améliorer la qualité des hôtels, pour faciliter les démarches administratives des propriétaires, pour assurer la promotion de cette hôtellerie. Elle propose des idées nouvelles (par exemple, une collaboration entre hôteliers pour permettre aux vacanciers de se rendre dans différents établissements au cours de leurs séjours). Rapidement, les petits hôteliers se sont mobilisés pour défendre leurs intérêts et revendiquer les aides financières et fiscales qui étaient proposées à la grande hôtellerie, et dont ils étaient exclus. Ils relèvent les difficultés auxquelles ils doivent faire face, la lourdeur des charges sociales et font remarquer que les aides dont ils peuvent bénéficier pour l'amélioration des hôtels sont octroyées seulement à la fin des travaux, ce qui freine considérablement leurs investissements.

Ils ont mené des actions de promotion et de commercialisation efficaces qui se traduisent aujourd'hui par un véritable succès : la "Chaîne des Relais Créoles" propose des séjours originaux dans de nombreuses agences de voyages en Métropole ; l'Office Départemental du Tourisme diffuse une brochure sur ces hôtels. Les petits hôteliers ont bien compris qu'il existait un "créneau" à exploiter à côté de la grande hôtellerie classique et ils ont cherché à offrir un "produit" original spécifiquement antillais, personnalisé, authentique. Ils ont mis l'accent sur l'ambiance familiale, incitent les touristes à découvrir la Guadeloupe et ses habitants... Enfin ils ont recherché une "image de marque nouvelle". Les petits hôteliers ont sur le tourisme des idées bien précises. Le président de la "Chaîne des Relais Créoles" écrivait en 1978 [3] :

> «Je pense que le tourisme est l'affaire des Guadeloupéens au départ. Il nous revient de développer la para-hôtellerie et la petite hôtellerie, mais il faut que l'on nous fasse confiance, que les aides de l'Etat puissent nous donner les moyens de mener à bien nos actions. Actuellement il existe des hôteliers fort capables de tenir ces établissements».

Dès les années 1970, ces hôteliers affirmaient que l'hôtellerie de type familial avait une place d'avenir dans le tourisme. Pour eux :

> «Ces auberges ont l'avantage d'offrir un service personnalisé, des contacts faciles entre les vacanciers et les habitants. Cette forme d'hôtellerie permet l'investissement de capitaux locaux et assure d'importantes retombées économiques sur le pays : pour la construction de ces hôtels on fait appel aux entreprises locales, et pour son fonctionnement aux producteurs locaux : maraîchers, pêcheurs... ; elle possède une grande souplesse d'adaptation ; enfin les touristes qui fréquentent ces établissements louent des voitures, visitent le pays, utilisent les restaurants... La petite hôtellerie crée plus d'emplois que la grande hôtellerie. Le personnel préfère ce type d'établissement à gestion familiale, et les contacts entre les employés et les touristes sont généralement bons».

Il est exact, de fait, que la petite hôtellerie est bien intégrée dans la vie économique et sociale de l'île. Elle est aussi fréquentée par la clientèle locale.

---

[3] *Guadeloupe Economique*, Bulletin de la Chambre de Commerce et d'Industrie de Pointe-à-Pitre, n° 76, mai-juin 1978.

Cette forte mobilisation, durant les années 1970, des quelques pionniers de la petite hôtellerie, qui par la suite ont été soutenus par les politiques touristiques mises en place, a donné des résultats : de nombreux Guadeloupéens ont investi dans le secteur qui compte aujourd'hui 72 établissements de ce type et presque la moitié de l'hébergement touristique.

Conscients que leur réussite est liée à la qualité, à l'originalité de leurs prestations, et leur force à leur regroupement au sein d'associations, ils veulent aujourd'hui poursuivre les efforts dans cette direction. Cette recherche de la qualité, et d'un "label" a conduit récemment les hôteliers à former d'autres organisations. Les "Relais Créoles" devenus "Chaînes des Relais-Hôtels de la Guadeloupe" regroupait 21 propriétaires, en 1982. Quelques-uns se sont affiliés à la "Chaîne des Logis et Auberges de France" qui compte actuellement 9 hôteliers. Récemment d'autres hôteliers ont créé une nouvelle organisation, l'A.V.E.R.G. D'une manière générale, les hôteliers manifestent une réelle confiance dans leur activité. Certains avouent cependant qu'ils sont parfois découragés car mal soutenus par les organismes touristiques et confrontés à de multiples démarches lorsqu'ils veulent investir. D'autre part, les tarifs aériens leur paraissent trop élevés en haute saison...

Tous réservent aux vacanciers un accueil chaleureux et authentique, exprimant pleinement la tradition d'hospitalité de la Guadeloupe.

Gîtes ruraux, chambres d'hôtes, hébergement chez l'habitant

Les Guadeloupéens se sont intéressés assez rapidement à la réalisation de *gîtes ruraux*, de *chambres d'hôtes*, à l'*hébergement chez l'habitant*. C'est sur une initiative locale que fut créée en 1972 "l'Association des Gîtes Ruraux de Guadeloupe". Les propriétaires ont tiré partie des subventions octroyées par le Ministère de l'Agriculture et le Ministère des DOM-TOM (Fonds d'Investissement des DOM) ; cependant les agriculteurs et les pêcheurs n'ont pas pu investir et ce sont surtout les propriétaires de grandes maisons qui se sont engagés dans ces aménagements. Certains ont cherché à donner un caractère à leurs gîtes soit dans le style architectural soit dans l'ameublement. Généralement ils louent le gîte pour une semaine. Les chambres d'hôtes sont des chambres aménagées chez l'habitant pour accueillir les touristes et leur offrir la nuitée et le petit déjeuner. L'association qui assure la location des gîtes ruraux constate ses difficultés : elle ne touche que les Métropolitains (par le biais de la Fédération Nationale des Gîtes Ruraux) et, localement, elle n'est pas suffisamment soutenue par les organismes touristiques en place. L'association et les propriétaires pensent que ces formules d'hébergement sont particulièrement intéressantes sur plusieurs points : elles assurent des revenus complémentaires, favorisent la préservation du patrimoine, offrent une diversification dans l'accueil touristique, permettent aux habitants et aux vacanciers de mieux se connaître. Dès les premières années, la présidente de cette association estimait que ce type d'hébergement avait un avenir dans l'île,

Planche 7

Les Guadeloupéens s'impliquent dans le tourisme

Les Guadeloupéens investissent dans les résidences de loisirs

car il pouvait convenir aux Guadeloupéens installés en France qui rentrent pour les vacances et qui ne souhaitent pas passer tout leur séjour dans leur famille.

Depuis quelques années, les Guadeloupéens, plus aidés financièrement, et plus soutenus par la politique touristique, se sont sentis davantage concernés par ce type d'investissement. Il y a aujourd'hui 104 propriétaires dont certains possèdent déjà plusieurs gîtes et chambres d'hôtes, (3-4 ou plus). Par exemple, un propriétaire a acheté une grande maison il y a cinq ans, et il l'a aménagée en cinq gîtes et cinq chambres d'hôtes avec cuisine et salon communs. D'autres propriétaires ont hérité de maisons et les ont transformées en gîtes ruraux ou chambres d'hôtes. Ainsi, l'un d'entre eux possède plusieurs studios, villas, bungalows. Il va régulièrement à l'aéroport du Raizet, à l'arrivée des avions en provenance de Métropole, accueillir ses nouveaux vacanciers et distribuer des dépliants sur ses possibilités d'hébergement. Il propose des formules relativement élaborées, comprenant une semaine de location plus une voiture pour un coût modeste. Les propriétaires offrent un accueil personnalisé à leurs vacanciers qu'ils viennent en principe accueillir à l'aéroport et qu'ils invitent pour un apéritif ou un repas.

Il existe des propriétaires qui louent personnellement une chambre ou deux, parfois une villa, pour une nuit, une semaine ou plus, généralement à des vacanciers qu'ils connaissent par relations... Ce système de location chez l'habitant s'est répandu au départ dans les petites îles qui ne disposaient pas d'hébergements suffisamment variés. Les habitants ont donc répondu à la demande. Petit à petit, ils ont mesuré le parti qu'ils pouvaient tirer de cette situation. Pendant longtemps, ils ont attendu que le touriste, informé par des amis qui avaient déjà utilisé leur hébergement, se présente. C'était le cas des Antillais ou des Métropolitains résidant en Guadeloupe, et qui venaient passer un week-end à Saint-Barthélémy, aux Saintes, à Deshaies.

Depuis quelques années, dans les secteurs touristiques (Le Gosier, Saint-François...) les propriétaires proposent leurs locaux en apposant des affiches chez les commerçants. Certains fixent même des pancartes en bois à l'entrée des rues secondaires...

Avec la loi de défiscalisation (1986) les habitants de l'archipel investissent plus largement dans le secteur touristique, en particulier dans les résidences de tourisme. Certains utilisent personnellement ces appartements durant quelques semaines puis les louent durant le restant de l'année aux touristes par l'intermédiaire des organismes spécialisés. D'autres habitants qui disposaient de résidences secondaires dans les secteurs du Gosier ou de Saint-François, livrent actuellement leurs villas aux touristes par l'intermédiaire de l'Association des Villas et Meublés de Guadeloupe ; c'est le cas de propriétaires de la région de Basse-Terre qui avaient construit des villas là où ils résidaient au moment des événements de la Soufrière (1976) ; on voit aussi des planteurs de banane de la Basse-Terre investir leurs capitaux dans la construction de villas à Saint-François. Actuellement, plusieurs investisseurs établissent des projets de construction de villas pour la location touristique. Certains se lancent dans le thermalisme, exploitant des vertus anciennement connues des eaux sulfureuses, efficaces pour les affections rhumatismales et les voies respiratoires. Tel est le cas du centre thermal de Matouba (Saint-Claude). Des communes (exemple : Capesterre-Belle-Eau) s'engagent elles aussi dans la réalisation de projets touristiques, de villas, bungalows.

Enfin les Antillais investissent aujourd'hui dans la grande hôtellerie restée longtemps aux mains des grandes sociétés nationales ou internationales. Ils ont constitué, par exemple, une société à capitaux locaux, le groupe "Leader", qui a racheté deux grands hôtels au Gosier qu'il exploite directement. Ce groupe a installé un bureau de commercialisation à Paris et affiche l'ambition de créer une chaîne hôtelière à caractère antillais dans la Caraïbe. Il a largement ouvert ses établissements à la clientèle locale en accueillant des séminaires, en organisant des repas de mariage etc...

De son côté, la chaîne "Logis et Auberges de France" souhaite promouvoir le tourisme rural pour stimuler le commerce local, créer des emplois, aménager des équipements de loisirs fréquentés à la fois par les Guadeloupéens et les touristes.

Dans le domaine de *la restauration*, les initiatives locales ont été très nombreuses. Dès que les touristes sont arrivés dans l'île, les quelques restaurants réputés ont connu un véritable succès. Ils se sont adaptés à la nouvelle demande, ont embauché du personnel, se sont spécialisés dans la cuisine antillaise, indienne ou créole. Devant ce succès et surtout l'augmentation de la demande à la fois "étrangère" et locale, des Antillais ont décidé de se lancer dans la restauration, laquelle n'exigeait pas nécessairement de gros capitaux. Beaucoup se sont installés modestement, aménageant simplement une terrasse devant leur maison ou une salle plus ou moins confortable, jouant ainsi la carte du pittoresque. D'autres ont disposé des "paillotes" dans des sites fréquentés. D'autres ont pu construire des restaurants plus luxueux. Ce sont surtout des femmes qui ont créé ces affaires, trouvant ainsi le moyen d'exercer leurs talents culinaires (avec l'aide des membres de la famille) : cette activité leur assurait de l'argent et de l'indépendance. Ce n'est que progressivement que les Guadeloupéens se sont engagés dans cette voie. Ils ont manifesté d'abord une certaine réserve, attendant que le tourisme fasse ses preuves. Entre 1960 et 1964, on constatait trois ouvertures de restaurants, sept entre 1967 et 1969, dix-sept entre 1970 et 1974 ; en fait c'est surtout à partir du milieu des années 1970 que la profession s'est véritablement développée et aujourd'hui on compte plusieurs centaines de restaurants dispersés sur l'ensemble de l'archipel. Parfois les installations se sont faites de façon illégale, sans permis de construire, ce qui a entraîné des conflits. (En juin 1987 un restaurateur qui s'était installé sans autorisation au Gosier, face aux grands hôtels, a été condamné par le tribunal et son établissement démoli). La profession a beaucoup évolué ces dernières années comme en témoigne une des plus anciennes restauratrices de Saint-François dans une interview réalisée par le quotidien *"France-Antilles"* (27 janvier 1987). Elle fut l'une des premières à ouvrir un restaurant (1971) :

> «A une époque où cette localité étant trop éloignée, ce restaurant ne fonctionnait que le week-end ; aujourd'hui la concurrence est forte. Devant mon restaurant trois autres se sont installés. Les gens ne viennent plus spontanément comme autrefois, ce temps est révolu et il faut faire preuve de dynamisme : aller démarcher dans les hôtels, faire de la publicité à la radio, à la télévision, en un mot être compétitif. Aujourd'hui il y a une nouvelle race de restaurateurs qui s'est constituée, pour qui l'étude de marché est indispensable avant d'ouvrir un restaurant...»

Les jeunes Guadeloupéens manifestent aujourd'hui un réel intérêt pour cette activité et lancent des idées nouvelles : par exemple trois anciens employés d'hôtel ont valorisé leur savoir-faire en créant au Gosier un restaurant spécialisé dans la "nouvelle cuisine créole". Ils ont fondé une société à responsabilité limitée. Ils pensent qu'il faut renouveler les mets et s'adapter à la clientèle ; leur clientèle est constituée d'hommes d'affaires et de touristes. Ils souhaitent développer leur entreprise. En deux ans, ils ont déjà recruté sept employés. Autre exemple significatif de ce dynamisme : un jeune habitant de Vieux-Fort, après avoir acquis une expérience en Métropole, a repris le restaurant de ses parents qu'il a modernisé et dans lequel il a créé une discothèque et un bar. Pour lui la commune n'a d'autres ressources que le tourisme. Il faudrait donc y créer des boutiques, des maisons de l'artisanat...

Les commerçants

Les commerçants eux aussi ont compris le bénéfice qu'ils pouvaient tirer du tourisme. Ceux qui étaient déjà spécialisés dans ce secteur (à Pointe-à-Pitre ou dans les îles du Nord) travaillaient surtout avec les touristes de croisière. Ils ont développé leurs activités. Puis des boutiques se sont créées, souvent à l'initiative de femmes métropolitaines dont le mari avait un emploi dans l'île. Elles ont saisi des opportunités : des boutiques en concession dans les grands hôtels, à l'aéroport, dans la galerie marchande de Saint-François. Les Antillais ont davantage tardé à s'investir dans ces domaines peu familiers car traditionnellement ils ne sont pas commerçants ; jusque-là de nombreux commerces étaient surtout tenus par les "Syro-Libanais". Toutefois, depuis quelques années, des Antillais créent de petits commerces : il s'agit souvent de simples étalages (de vêtements, de bijoux fantaisie, ou de vente de boissons fraîches, de cartes postales) qui apportent un complément de revenus.

A Saint-Barthélémy, les femmes continuent à tresser les feuilles de latanier pour confectionner des sacs, des chapeaux, des sets de table, qu'elles exposent durant la journée devant leur maison à la vue des touristes. De jeunes Antillais et des jeunes Métropolitains sillonnent les plages des grands hôtels de la Riviéra Sud, portant un grand sac rempli de vêtements légers peints à la main : robes, paréos, tee-shirts, shorts. Vêtus eux-mêmes de la tenue qu'ils vendent, ils s'installent près des vacanciers, ouvrent leur sac, discutent sans empressement font essayer plusieurs tenues avec beaucoup de patience, précisent que ces vêtements sont peints artisanalement par des membres de leur entourage. On voit aussi quelques jeunes femmes métropolitaines faire la présentation de plusieurs tenues, le long de la plage, devant les badauds distraits par ces allées et venues.

Loisirs touristiques

Dans le domaine des loisirs touristiques, plusieurs sociétés se sont créées, notamment dans les sports nautiques : plongée sous-marine, pêche en haute mer, croisière. Deux sociétés (l'une à Bas-du-Fort, l'autre à Malendure sur la Côte-Sous-le-Vent) organisent des promenades en mer avec des bateaux à fond de verre qui permettent de découvrir les fonds sous-marins. Quatre centres équestres se sont installés : à Sainte-Anne, à Baie-Mahault, à Anse-Bertrand, au Gosier. Ce sont essentiellement des Métropolitains qui se sont engagés dans ces activités, peu connues à ce moment-là en Guadeloupe. Ils travaillent en relation avec les agences de voyages et les hôteliers de l'île.

L'Office National des Forêts et le Parc Naturel ont mis en valeur le patrimoine, créé des infrastructures d'accueil et d'information destinées à la population guadeloupéenne et aux touristes. Ils ont aussi implanté, pour répondre aux besoins des jeunes dans le cadre scolaire ou associatif, des structures d'animation qui encadrent des sorties avec les enseignants et publient des documents pédagogiques. Le Parc Naturel de la Guadeloupe par le biais de l'"Association Caraïbe pour l'Environnement" et de ses publications propose la découverte de ce milieu, et s'intéresse aux problèmes d'environnement.

Ainsi, progressivement, sous la pression de la demande, les habitants de la Guadeloupe, autochtones et originaires de la Métropole, se sont investis dans les différents secteurs qui se sont développés à côté de la grande hôtellerie. Ces professionnels se sont organisés pour mieux s'imposer et défendre leurs intérêts. En quelques années, avec la diversification du tourisme, ils se sont appropriés un grand nombre d'activités, alors que dans les années soixante le tourisme était principalement le fait d'initiatives et d'investisseurs d'origine extérieure, chaînes hôtelières et compagnies aériennes. Sur cette évolution, l'un des premiers hôteliers guadeloupéens explique :

> «Aujourd'hui la population dans son ensemble réagit très favorablement au tourisme, parce que les gens voient mieux les répercussions de cette activité. L'indifférence d'autrefois était liée sans doute au fait qu'il s'agissait d'un tourisme périphérique. Maintenant il faut être vigilant car bientôt le tourisme va se développer dans tous les sens et il sera alors incontrôlable».

LES INTERVENANTS D'ORIGINE EXTÉRIEURE

Les entrepreneurs, les investisseurs, les gérants des grandes firmes touristiques, les compagnies aériennes, les chaînes hôtelières, les syndicats professionnels sont les principaux acteurs des réalisations touristiques. Quelles sont leurs opinions, leurs attitudes face au tourisme, à l'égard des décideurs locaux et nationaux ? Quelles sont les relations entre ces différents professionnels ?

Les compagnies aériennes

Elles jouent un rôle déterminant : en effet le transport aérien est une activité-clé du tourisme en Guadeloupe puisque la plupart des touristes arrivent et repartent par avion. Les compagnies étrangères (Air Canada, American Airlines, Pan American), la compagnie nationale (Air France) et les compagnies charters sont de puissants intervenants. Depuis les débuts du tourisme elles ont été les interlocuteurs permanents des décideurs nationaux et locaux et ont mené diverses actions en faveur de l'accroissement du flux touristique. Sur le tourisme elles tiennent un même langage : elles font valoir l'intérêt majeur qu'elles y portent, la confiance qu'elles ont toujours manifestée, les diverses actions qu'elles ont menées en sa faveur, et l'intérêt économique qu'il représente pour les habitants.

Premièrement les responsables de ces compagnies exposent la politique dynamique qu'elles ont menée très tôt pour attirer une clientèle plus diversifiée, notamment les actions de desserte aérienne et les politiques de prix. Les compagnies nord-américaines indiquent qu'elles assurent à la fois des vols réguliers et des vols "charters". La compagnie American Airlines cite les contrats qu'elle avait mis au point avec le Club Méditerranée pour transporter sa clientèle sur des vols réguliers à prix spéciaux. La compagnie nationale, longtemps accusée de freiner le développement du tourisme par la situation de monopole dont elle bénéficiait jusqu'à ces dernières années sur le transport aérien avec la Métropole, cherche à démontrer le rôle fondamental qu'elle a joué dans l'accroissement du flux touristique en provenance de la Métropole. Elle cite l'augmentation considérable du nombre de passagers transportés qui sont passés de 5 000 en 1960 à 100 000 en 1970, à 550 000 en 1980 ! Elle fait valoir son adaptation au marché touristique par la mise en service pour les Antilles françaises de ses avions les plus performants, par la mise en place, à côté des vols réguliers, de vols supplémentaires en période de pointe. Elle s'attache à démontrer :

> «Tout en maintenant un service régulier Air France a fait face à une forte saisonnalité, à des problèmes de déséquilibres importants dans la directionnalité : à certaines périodes des avions décollent bourrés dans un sens et aux deux-tiers vides dans l'autre sens ; 43 % de son trafic sont concentrés sur les trois mois d'été et que durant les semaines de pointe il est six fois supérieur aux semaines creuses».

Par ailleurs elle indique les efforts particuliers qu'elle a engagés en établissant des départs et des escales à partir des grandes villes de province. Elle met en avant la politique de prix qu'elle a toujours pratiquée et cite : en 1972 "les tarifs de groupes" et la création des "blocs-sièges" à l'intention des organismes de voyages et des associations ; en 1976 la création du "tarif touristique" pour assurer la promotion de la destination Antilles ; en 1979, les "vols vacances", puis en 1986 "les tarifs multicolores" sur les "vols vacances" et "affaires". Dans une publicité qu'elle a fait paraître dans "*Le Monde*" (5 décembre 1985) où plusieurs pages étaient consacrées à la Guadeloupe elle affirme :

> «Le trafic Air France avec les Antilles a doublé en dix ans, avec des tarifs en baisse de 30 % en francs constants».

Face aux critiques des professionnels du tourisme et des usagers, elle argumente de la manière suivante ("*Le Monde*" 9 décembre 1979) :

> «Notre mission n'est pas de réaliser des profits mais d'offrir des prestations mieux adaptées aux besoins du marché» ;

Elle fait aussi référence à sa mission de service public.

Deuxièmement, les compagnies aériennes soulignent les efforts permanents destinés à satisfaire la clientèle. La plupart ont mené des sondages auprès des passagers pour identifier leurs motivations, leur degré de satisfaction ou d'insatisfaction, afin d'apporter des améliorations. Par exemple American Airlines cite l'enquête qu'elle a réalisée il y a quelques années auprès de ses passagers. Air France affirme que son souci constant et majeur sur la ligne Antilles est d'offrir le meilleur "produit" possible. Elle indique alors la qualité des prestations offertes dans ses avions : cinéma, boissons gratuites, aménagements spéciaux pour les bébés, amélioration du service des "vols vacances..."

Troisièmement les compagnies font valoir le rôle promotionnel qu'elles assurent à l'étranger ou en France : les campagnes de publicité dans les medias par l'intermédiaire des agences de voyages, des fabricants de voyages. Air France prouve le rôle important qu'elle joue à travers sa filiale "Jet tours", premier tour-opérator en direction des Antilles, qui, depuis 1969, travaille à la promotion de la Guadeloupe. Elle fait état de son influence dans le monde : sa brochure est largement diffusée sur 2 450 points de vente. Pour accueillir les touristes elle a installé une agence en Guadeloupe : Carib'Jet. Enfin Jet'Tour mène une intense campagne publicitaire à la radio, dans les magazines, dans la presse professionnelle... De même Air France, qui participe à de nombreuses foires et salons, présente régulièrement un stand sur la Guadeloupe. Elle offre aussi des voyages gratuits pour les leaders d'opinion et organise des congrès en Guadeloupe. Elle prouve la confiance qu'elle a dans le tourisme guadeloupéen puisqu'elle a installé un hôtel de sa chaîne "Méridien" à Saint-François.

Les compagnies charters font valoir la concurrence des prix qu'elles ont introduite. "Nouvelles Frontières" cite la longue bataille qu'elle a menée pour obtenir l'autorisation de vols charters entre la Métropole et les Antilles françaises, aboutissant à la libéralisation des prix et à l'élargissement de la clientèle. Cette introduction des charters a eu pour conséquence immédiate la riposte d'Air France qui a proposé de nouveaux tarifs.

Quatrièmement les responsables des compagnies aériennes cherchent à prouver l'intérêt économique du tourisme pour la Guadeloupe et ses habitants. Ils citent les devises apportées par la clientèle étrangère, les taxes versées par l'aéroport à la Chambre de Commerce et d'Industrie de Pointe-à-Pitre, les chiffres d'affaires réalisés par l'hôtellerie. Ils avancent le nombre d'emplois créés par le tourisme en général en particulier et le trafic aérien : emplois à l'aérogare, dans les agences installées sur l'île ; Air France emploie en Guadeloupe 450 personnes, 750 en incluant le "Méridien". Les compagnies aériennes estiment être largement à l'origine du développement du tourisme intérieur, par les facilités de transport et les prix proposés, par la banalisation des voyages qui ont incité les Guadeloupéens à voyager dans d'autres pays. La compagnie nationale fait constater l'augmentation considérable des passagers guadeloupéens, en particulier ceux qui sont installés en Métropole ; elle cite les facilités qui leur sont offertes dans le cadre des conventions qui lient depuis 1981 la compagnie nationale avec l'Agence Nationale pour l'Insertion et la Promotion des Travailleurs d'Outre-Mer (A.N.T.) : Air France met à leur disposition un grand nombre de places à tarifs spéciaux. Les résidents voyagent de plus en plus vers la Métropole, la Martinique, la Guyane, les Etats-Unis, l'Amérique du Sud grâce à son réseau.

Ces compagnies critiquent par ailleurs les conditions du tourisme en Guadeloupe : elles dénoncent notamment les prix trop élevés pratiqués par les hôteliers, la présence d'un personnel insuffisamment formé qui ne connaît pas son rôle d'accueil... Elles indiquent que leurs clientèles ne sont pas toujours satisfaites des hôtels, des restaurants, des animations et proposent des améliorations dans ces domaines. Dès le début des années 1980 les responsables d'Air France pensaient qu'il serait souhaitable de valoriser le patrimoine historique, de créer des circuits pédestres, équestres... et qu'une plus large participation des Antilles à cette activité permettrait un meilleur fonctionnement. Ainsi la compagnie nationale dans une interview réalisée par "*Le Monde*" (13 septembre 1984) rétorquait aux critiques des professionnels du tourisme qu'elle avait plus que tout autre contribué au développement du tourisme mais qu'elle ne croyait pas en l'avenir du tourisme aux Antilles, lequel ne s'améliorerait que lorsque les hôteliers auraient baissé leurs prix de 30 %, lorsque le personnel hôtelier serait devenu aimable et parlerait anglais, et lorsque des crédits de publicité seraient dégagés.

Les compagnies aériennes, en butte aux critiques des autres professionnels, sont aussi en conflit avec les compagnies charters. Le directeur d'une chaîne hôtelière accusait la compagnie nationale d'être responsable des difficultés du tourisme et de l'hôtellerie ("Le Monde" 13 septembre 1984) :

> «L'augmentation en trois ans, du billet d'avion vols vacances de 50 % et le monopole d'Air France rendent le tourisme dans ces îles particulièrement onéreux».

La rivalité entre Air France et Nouvelles Frontières a été aussi très vive ces dernières années.

Les chaînes hôtelières et les clubs de vacances

Ce sont des chaînes nationales et internationales qui ont investi dans la grande hôtellerie : Frantel, P.L.M., Novotel, Méridien, Holliday Inn... Depuis le 30 avril 1987 les hôtels P.L.M. et Frantel des Antilles françaises sont devenus P.L.M.-Azur et font dorénavant partie intégrante du groupe Pullman-International Hôtels qui est une émanation du Groupe Wagons-Lits. Ils regroupent aujourd'hui huit grands établissements et trois résidences. Nous étudierons le Club Méditerranée avec les chaînes hôtelières.

L'importance des capitaux exigés par la construction de ces grands établissements n'a pas permis aux investisseurs locaux d'y prendre part, ou seulement de manière limitée. Les propriétaires guadeloupéens sont en effet peu nombreux : en 1980, ils possédaient et en faible pourcentage (25 %) la Vieille-Tour, le Callinago, le Salako, le P.L.M. C'est ainsi qu'une personnalité guadeloupéenne déclarait dans la revue "*Guadeloupe Economique*" de mai-juin 1978 :

> «L'hôtellerie guadeloupéenne est le fait des grandes chaînes internationales. Elles ne favorisent guère le placement des capitaux locaux»

Les chaînes ont bénéficié des différentes aides financières et fiscales mises en place et de l'intervention de l'Etat pour s'installer dans l'île car elles jouissaient d'un certain prestige qui pouvait assurer la promotion de l'île dans le monde ; elles étaient garantes d'une certaine qualité ; elles donnaient une image de marque à cette nouvelle destination. Les gérants de ces établissements et l'encadrement sont essentiellement le fait de Métropolitains envoyés par les chaînes pour quelques années. Le personnel d'exécution est surtout composé d'Antillais. Le tourisme s'est développé parallèlement à la construction de ces établissements. Ils en sont les pivots car ils regroupent une large part des structures d'accueil : hébergement, restauration, animation, commerce... Ces grands hôtels forment en effet des complexes quasiment autonomes où les vacanciers trouvent l'essentiel de ce qu'ils recherchent. Les responsables de la grande hôtellerie sont en conséquence des intervenants puissants. Ils sont fréquemment consultés par les décideurs nationaux et locaux, sont les partenaires principaux des organismes touristiques (Office Départemental du Tourisme, Comité Régional du Tourisme) et jouent un rôle notable à la Chambre de Commerce et d'Industrie de Pointe-à-Pitre. Rapidement, ils se sont organisés autour de la "Chambre Syndicale des Hôtels de Tourisme de Guadeloupe" qui regroupe aujourd'hui onze hôtels. Par ailleurs les hôteliers de Saint-Martin, pour assurer la promotion et la commercialisation de leur île, ont fondé "l'Association des Hôteliers de Saint-Martin", ceux de Saint-Barthélémy ont choisi de se joindre au début de l'année 1987 à la "Caribbean Hotel Association" qui compte un grand nombre d'hôtels dans les Caraïbes (700 hôtels et 50 000 chambres).

Les responsables de ces chaînes (essentiellement des Métropolitains et quelques Guadeloupéens, blancs-pays ou métis) tiennent un même langage : ils considèrent que le tourisme est une activité de premier plan en Guadeloupe, dont l'hôtellerie est la base.

Premièrement, ils s'attachent à démontrer l'impact considérable de l'hôtellerie dans l'économie, faisant valoir les dépenses de leurs clients en dehors des établissements. Le Club Méditerranée, dans un article paru dans le *"Bulletin d'Information du CENADDOM"* en 1983 (n° 70), démontre l'importance des dépenses réalisées sur place par ses deux "villages", qui s'élèvent pour l'exercice 1981-1982 à la somme de 67,7 millions de francs, ce qui représente plus de 310 F par jour et par adhérent, soit 2 400 F par semaine et par adhérent. Dans le domaine de l'agro-alimentaire la plupart des gérants de la grande hôtellerie affirment acheter de préférence sur le marché local et citent les contrats qu'ils ont signés avec certains producteurs, en particulier pour les fruits et les légumes frais, mais aussi le café, les sorbets... Certains déclarent acheter 50 % des produits alimentaires aux producteurs guadeloupéens, d'autres 20 %... Par contre la viande, les poulets, une partie des poissons et des crustacés (langoustes) viennent de l'extérieur. Ils regrettent que la production locale soit insuffisante et souvent d'un prix trop élevé. Tous affirment qu'ils achèteraient davantage aux agriculteurs et aux pêcheurs s'ils pouvaient fournir ce qu'ils demandent. Ainsi le Club Méditerranée affirme dans ce même article :

> «Le Club vise à privilégier l'économie locale, en particulier l'agro-alimentaire, en limitant autant que possible l'utilisation des produits importés à ceux qui n'existent pas sur place».

Les hôteliers s'attachent d'une manière générale à exposer l'effet d'entraînement de leur activité sur l'économie locale.

Deuxièmement, ils montrent que l'hôtellerie est très créatrice d'emplois (elle employait plus de 2 300 personnes soit plus de la moitié des emplois des moyennes et petites entreprises) et mettent en évidence l'importance des emplois permanents. De même, elle est à l'origine de la création de nombreux autres emplois : plagistes, moniteurs de sports nautiques, commerçants, coiffeurs... Ils font observer qu'à l'exception de l'encadrement, le personnel est antillais et que beaucoup de jeunes et de femmes ont ainsi pu trouver une situation.

Le Président Directeur Général du Club Méditerranée déclarait dans une interview parue dans le *"Bulletin d'Information du CENADDOM"* (n° 70, 1983) :

«La qualité des emplois dans les "villages" est supérieure à celle de l'hôtellerie classique : l'environnement, le cadre du travail y sont plus agréables ainsi que les relations avec les clients ; la servitude y est moins contraignante».

La plupart des gérants d'hôtels avancent la satisfaction qu'ils ont de leurs employés, jugés stables. Il est vrai que les emplois de l'hôtellerie offrent de nombreux avantages par rapport aux autres secteurs : des salaires réguliers, basés sur des grilles indiciaires, plus un ou deux repas gratuits par jour. Les employés ont appris un métier, ont reçu une formation que beaucoup de chaînes complètent pas une formation permanente : ainsi le groupe Novotel fait état des différentes actions menées dans ce sens en Guadeloupe et notamment en direction du personnel d'encadrement technique. Le Club Méditerranée souligne que beaucoup ont pu apprendre un métier dans les "villages" : bouchers, pâtissiers, cuisiniers...

La plupart mettent en exergue le nombre de promotions internes : certains employés sont devenus maîtres d'hôtels, chefs cuisiniers, gouvernantes et l'un d'eux a déclaré :

«A l'heure actuelle le chef de service est Guadeloupéen. Il est arrivé par promotion interne et remplace un cadre métropolitain ; la gouvernante est Antillaise ; le chef de cuisine, autrefois métropolitain, est aujourd'hui remplacé par un Antillais».

Face aux critiques qui accusent la grande hôtellerie d'être dirigée par des gens de l'extérieur, alors que les emplois subalternes seuls seraient proposés aux Antillais, le responsable d'une chaîne réplique :

«Les postes de direction sont aussi bien tenus par des Métropolitains que par des insulaires, comme c'est le cas au Novotel Fort-Fleur d'Epée ; pour les nominations, la capacité, le potentiel, la technicité restent nos seuls critères mais le personnel n'a pas toujours le sourire nécessaire».

Ils pensent qu'il n'est pas suffisamment motivé par les métiers de l'hôtellerie et que beaucoup recherchent avant tout le salaire.

Troisièmement, les responsables démontrent l'intérêt financier de la grande hôtellerie qui apporte capitaux et devises à l'île : une part de la clientèle est étrangère ; ainsi le Club Méditerranée précise que 85 % de sa clientèle est nord-américaine. Pour la construction des hôtels d'importants capitaux ont été investis. Enfin les hôtels versent diverses taxes : taxes de séjour aux communes, taxe hôtelière, taxes de spectacles...

Quatrièmement, les responsables de la grande hôtellerie tendent à démontrer que la construction de ces établissements a eu des effets positifs dans d'autres domaines : par exemple la réalisation de jardins arborés autour des établissements a avantageusement transformé certains secteurs envahis par les marécages et les halliers ; les troupes folkloriques et groupes musicaux locaux sont sollicités. Enfin ils font remarquer les actions en faveur de la clientèle locale (tarifs préférentiels par exemple...) et certains précisent que celle-ci représente jusqu'à 10 % de la clientèle totale. Ils font aussi observer que les habitants fréquentent les bars, les restaurants, les plages des hôtels et tout particulièrement les boîtes de nuit. Le Club Méditerranée précise que le "village" de Sainte-Anne ("La Caravelle") est largement ouvert à la population résidente, particulièrement nombreuse durant les week-ends ; il propose des "tarifs journées" ou "week-ends" comportant la restauration et une animation complète avec utilisation du matériel de plongée.

Les gérants de la grande hôtellerie, qui tiennent tous le même langage lorsqu'ils parlent des effets positifs du tourisme, gardent aussi des points de vue semblables lorsqu'ils portent des critiques sur les conditions du tourisme dans l'île. Ils se plaignent de la forte saisonnalité et des difficultés financières : ils estiment que les charges sont trop lourdes par rapport aux pays voisins concurrents. Ils présentent alors les "freins à la productivité" et essentiellement celui

«d'un personnel important ayant une rentabilité inférieure au personnel métropolitain».

Ils dénoncent le peu d'attention portée par les élus locaux et régionaux à l'environnement :

«L'environnement est l'objet d'agressions permanentes défigurant les abords des centres de tourisme et des sites publics qui ne font l'objet d'aucune protection... L'hygiène et la salubrité se détériorent chaque jour sans réactions de la part des services publics et municipaux»

déclare un directeur d'hôtel ("*Le Monde*" 13 septembre 1983). Ils accusent aussi les autorités locales d'être responsables de l'anarchie des transports locaux (taxis), de l'absence d'une formation de haut niveau aux métiers de l'hôtellerie.

Ils croient en l'avenir du tourisme et formulent des propositions : ils souhaitent des actions de promotion plus importantes, un personnel mieux formé, une population plus ouverte à l'accueil des touristes. Le Président Directeur Général du Club Méditerranée s'exprimait ainsi dans l'interview déjà citée :

«L'atout fondamental de la Martinique et de la Guadeloupe comparées aux îles environnantes, c'est ce côté extrêmement stable et rassurant qu'elles représentent par rapport aux autres îles qui offrent des cycles de perturbation parfois très rapides et très violents... La Guadeloupe et la Martinique additionnent deux charmes : celui de la France et celui propre à chaque île».

A propos des charges et des coûts élevés il affirme que ce handicap peut être épassé en donnant une meilleure formation pour ces nouveaux métiers. La grande hôtellerie n'est en aucune façon concurrente avec la petite hôtellerie car on constate que les touristes viennent une première fois dans un établissement de ce type, ensuite ils choisissent d'autres formules pour découvrir le pays.

Ainsi ces grands établissements seraient facteur de promotion et du tourisme et de l'économie guadeloupéenne.

Les promoteurs des constructions touristiques tiennent des discours assez comparables. Un promoteur s'exprimait ainsi dans la revue de la Chambre de Commerce et d'Industrie de Pointe-à-Pitre en 1978 :

> «Aujourd'hui Saint-François est devenue une terre de vacances. Mon action est centrée sur un objectif de développement intégré et non dissocié des intérêts de la collectivité».

Une société immobilière dans une brochure destinée aux acheteurs potentiels d'une résidence de tourisme à Saint-Martin présente l'île de la manière suivante :

> «Saint-Martin, île totalement différente de la Guadeloupe, vit au rythme des Caraïbes certes, mais aussi à celui des meilleurs placements immobiliers, offrant, en même temps, la sécurité et la plus-value rapide des capitaux investis !... Du côté français, l'île était restée pratiquement vierge jusqu'à ces dernières années ; actuellement, c'est le départ de la course... à l'investissement du tourisme international... américain, vénézuélien, canadien et européen... A Saint-Martin..., les problèmes raciaux n'existent pas !... A Saint-Martin..., la sécurité politique est totale !... A Saint-Martin..., le leitmotiv que vous entendez souvent est "No problem !..." A Saint-Martin..., vous pouvez réaliser un placement judicieux, en tirer des avantages multiples de vacances, de rapport et de plus-values !...»

A côté de ces discours fondamentalement économiques, nous trouvons un langage bien différent au V.V.F. de Saint-François ou au centre U.C.P.A. qui sont des structures de vacances de type associatif rattachées aux associations nationales. Leurs objectifs sont le développement d'un tourisme social et local qui s'oppose apparemment au tourisme international de luxe. Pour les fondateurs du V.V.F. il s'agit avant tout

> «de développer le tourisme interne, d'accueillir prioritairement les familles nombreuses les plus démunies en relation avec les mouvements familiaux et la Caisse d'Allocations Familiales».

Le responsable du V.V.F. fait état du succès de cette formule auprès des habitants.

Le Centre U.C.P.A. (Union des Centres de Plein Air) installé à Saint-François a initié des stages sportifs de planche à voile et de golf de haut niveau. Il déclare qu'il est largement ouvert aux résidents puisque des stages en externat, d'un coût modique, leur sont proposés régulièrement. Des Antillais, notamment des jeunes d'une trentaine d'années, enseignants, employés de l'administration, demandent de plus en plus à participer aux stages dans ce centre. Le personnel d'encadrement sportif est exclusivement composé d'Antillais qui ont été formés sur place et en Métropole ; certains ont même préparé le Brevet d'Etat. En outre, l'U.C.P.A. a créé un club de voile qui comprend une centaine de membres. Les jeunes scolaires y apprennent la navigation les mercredis et les week-ends.

LES LEADERS D'OPINION

Les partis politiques, les hommes politiques, les élus, les syndicats, les diverses associations, l'Eglise, l'intelligentsia ont exprimé leurs positions à plusieurs reprises dans les journaux, les revues, les déclarations publiques ; les enquêtes que nous avons menées nous ont permis de préciser ces opinions ainsi que leurs évolutions.

LES COURANTS POLITIQUES

Les partis politiques

C'est de manière occasionnelle que les partis politiques se sont exprimés sur le tourisme par le biais de déclarations faites dans la presse nationale ou locale, et dans les organes qui expriment leurs tendances politiques. Dans l'ensemble cette question n'est pas l'objet de préoccupations majeures. L'intérêt des partis politiques se porte essentiellement sur des thèmes relevant des activités traditionnelles (canne à sucre, banane) ou du chômage. Les partis politiques guadeloupéens se définissent avant tout par rapport au statut départemental en vigueur, ce qui aboutit à une bipolarisation de la vie politique locale avec, schématiquement, des partis de droite (qui défendent le statut départemental), le Parti Socialiste (devenu Parti Socialiste Guadeloupéen, favorable à la décentralisation), le Parti Communiste Guadeloupéen (qui souhaite une autonomie proche de l'indépendance) et des partis indépendantistes qui rejettent le modèle occidental. Les principales préoccupations de ces dernières années tournent autour des problèmes liés à la décentralisation et des nouveaux pouvoirs qu'elle a mis en place. Le tourisme, en fait, n'apparaît pas au centre des débats de la vie politique locale. Le Conseil Régional et le Conseil Général, au-delà de leurs changements de majorité, ont toujours soutenu le développement du tourisme, ont participé activement à l'élaboration de la politique touristique et ont pris des décisions en sa faveur. Nous avons vu quelle a été la position adoptée en matière de tourisme par le Conseil Régional dans le cadre de la décentralisation.

Les discours portant sur le tourisme ne sont donc pas très nombreux car ce thème ne paraît pas être mobilisateur. Le tourisme y est présenté comme facteur d'indépendance par les uns, facteur de dépendance par les autres.

Les différents partis de droite (U.D.F., R.P.R.) sont dans l'ensemble favorables au développement du tourisme. Ils ont soutenu dès les débuts la politique touristique mise en place.

Le Parti Socialiste Guadeloupéen défend lui aussi le tourisme, même s'il propose des orientations différentes. C'est ainsi que le Secrétaire du Parti Socialiste Guadeloupéen, Président du Conseil Général, s'est exprimé de la manière suivante dans une interview réalisée par le journal *Le Monde* (5 décembre 1985), sur la question de la nécessité de développer le tourisme :

> «Le tourisme est fragile et, à notre avis, il ne regroupe pas toutes les possibilités de la Guadeloupe, parce qu'il s'agit pour l'essentiel, d'un tourisme de grands hôtels, alors qu'il faut parallèlement penser au tourisme vert, en milieu rural, aux chambres d'hôte, afin de permettre une meilleure symbiose entre la population touristique et notre population. Cela dit, c'est vrai que le tourisme doit bénéficier d'une attention toute particulière. C'est pour cela que nous avons demandé d'autoriser l'accès du réescompte automatique à 7,5 % des entreprises hôtelières, soit pour leur découvert de trésorerie, soit pour leur crédit de campagne. Nous avons fait cette proposition pour aider les hôteliers en saison basse afin de préserver au maximum les emplois».

Le Parti Communiste Guadeloupéen, à certaines occasions, a pris des positions contre le développement du tourisme. Par exemple le journal d'obédience communiste *L'Etincelle* (3 novembre 1979) s'élevait contre les choix qui avaient été faits dans la commune de Saint-François. Dans un article intitulé "La nouvelle colonisation de Saint-François" l'on pouvait lire :

> «Saint-François une commune dont les dépliants touristiques vantent la douceur de vivre (pour qui ?) transformée en "îlot de plaisirs" pour capitalistes étrangers, est devenue un paradis où des sociétés immobilières réalisent des profits fabuleux avec la complicité du pouvoir colonial au détriment du patrimoine et du peuple guadeloupéen. Ce coin de terre, d'hospitalité chaleureuse, victime d'une invasion blanche et silencieuse, voit sa population autochtone diminuer, ses jeunes étant contraints d'émigrer en France pour vivre, alors que son cadre naturel est dépecé par une nuée d'allogènes...
>
> Par ailleurs, dans les zones rurales, jadis consacrées à la culture de la canne, après la fermeture de Sainte-Marthe, les agriculteurs qui sont de plus en plus endettés, sont contraints de vendre aujourd'hui des parcelles à des acheteurs qui sont souvent métropolitains... Ainsi, des Sociétés Immobilières ont fait main basse sur le territoire de la commune de Saint-François, et c'est plus de 750 résidences qui seront construites dans les deux ans à venir à des prix échappant aux Saint-Franciscains... A terme, ses effets seront l'éviction d'une grande partie des autochtones, la perturbation des équilibres sociologiques et démographiques, la modification des mentalités et des rapports humains...».

Cette prise de position a été exprimée dans un moment particulier : l'hôtellerie traversait une grave crise, deux hôtels dans la localité voisine du

Moule venaient de fermer leurs portes en laissant de nombreux chômeurs. A Saint-François la fermeture de l'usine à sucre Sainte-Marthe posait des problèmes sociaux aigus. La municipalité (départementaliste) avait donc fait le choix de promouvoir la commune au rang de grande station touristique.

Que pensent du tourisme les leaders et les élus du Parti Communiste Guadeloupéen ? L'une des personnalités élue de ce parti explique qu'elle n'est pas opposée au tourisme, mais à la forme de cette activité qui a été développée en Guadeloupe :

> «Le tourisme de luxe a hypothéqué le patrimoine national, englouti une masse importante de fonds publics, sans commune mesure avec les retombées pour la population. Il a profité surtout aux investisseurs et promoteurs. De plus, les collectivités locales ont dû consentir de gros efforts pour faire face aux problèmes posés par la fermeture de quelques grands hôtels... Nous sommes contre les discours qui ont voulu faire croire à la population guadeloupéenne que le tourisme allait remplacer l'industrie de la canne en pleine destruction, alors que les hôtels n'ont apporté aux communes que quelques emplois, en partie saisonniers : rien de comparable à l'industrie de la canne ! ... Nous ne rejetons pas le tourisme, mais il faut trouver des formes de tourisme susceptibles d'apporter des richesses économiques, même si cette activité, pas plus qu'ailleurs, ne pourra constituer le pilier de l'économie. Nous sommes pour le développement d'un tourisme intégré, adapté au contexte guadeloupéen : dans ces conditions, la population se sentira concernée. En fait, c'est aux familles qui en ont le plus besoin qu'il doit apporter des ressources complémentaires par la création de gîtes ruraux... Le tourisme doit prendre en compte les traits culturels de l'île, jusque là trop ignorés. Il existe en effet des traditions dans l'artisanat d'art, dans les loisirs, ce qui suppose d'encourager le développement culturel de l'île. L'environnement doit aussi être protégé et valorisé. Il serait souhaitable d'exploiter les richesses thermales, de développer le tourisme de santé...»

Les Partis indépendantistes sont opposés au tourisme car il accroît, pensent-ils, la dépendance de l'île vis-à-vis de la Métropole et de l'extérieur. Selon l'opinion de l'un des leaders :

> «Le tourisme n'apporte pas grand chose au pays, il accroît les importations. En fait, les Guadeloupéens sont des paysans de la canne. Aussi il faut soutenir l'agriculture ; le tourisme est une activité fragile qui offre surtout des emplois saisonniers. Le tourisme confisque les terres. Sur la zone des "cinquante pas géométriques" on a "décasé" des Antillais pour installer des hôtels».

Les mouvements indépendantistes ont participé à des luttes écologistes contre le "saccage des plages touristiques", le "bétonnage de la mangrove". Certains groupes ont mené des actions terroristes qui ont fortement touché le secteur touristique. Citons : un plasticage d'un bateau de plaisance à la marina de Bas-du-Fort (1980) ; deux attentats à l'explosif à l'hôtel "Méridien" (février 1984) ayant blessé cinq touristes et causé d'importants dégâts matériels ; un attentat dans un restaurant de la marina de Bas-du-Fort et un autre dans un bar de Pointe-à-Pitre qui a causé la mort d'une personnalité de l'île et blessé quatre vacanciers américains (mars 1985) ; un autre attentat ayant partiellement détruit la gare maritime de Pointe-à-Pitre (novembre 1986). En fait, ces actions ne visaient pas directement et seulement le tourisme mais plutôt des personnalités représentatives pour leur combat. En réalité, on ne peut pas dire que le tourisme soit vraiment la cible des indépendantistes, même si l'impact de leurs actions violentes s'est révélé être particulièrement néfaste. Le problème de fond se situe ailleurs. C'est ainsi que la principale force indépendantiste, l'U.P.L.G. (Union Populaire pour la Libération de la Guadeloupe), lors du "Forum Economique" organisé aux Portes de l'Enfer en avril 1985, a manifesté la volonté de se rapprocher des milieux économiques de l'île pour faire face aux problèmes considérés comme majeurs. Une journaliste de *Libération* rapportait en ces termes la teneur de cette conférence :

> «Les indépendantistes guadeloupéens renoncent aux bombes et appellent à l'Union sacrée... ; les patrons du tourisme et certains békés participent à cette rencontre» (28 octobre 1985).

Le tourisme en Guadeloupe ne fait donc pas l'objet d'un débat pour les partis politiques qui en reconnaissent l'importance économique. C'est ainsi qu'en juillet 1987, un Conseiller Régional, interrogé par une journaliste du quotidien *Le Monde* sur les scandales financiers qui touchaient des élus, des sociétés et, des communes a changé de sujet en répliquant :

> «Vous allez donner une image négative à la Guadeloupe. Ecrivez donc un article sur le tourisme».

Il y a donc accord profond des Guadeloupéens sur ce sujet.

Les élus locaux

Les municipalités des localités touristiques

Au-delà de leur appartenance ou de leur tendance politique, les élus locaux ont des positions différentes selon l'importance du tourisme dans l'économie communale. Les maires des communes fortement touristiques, telles que Saint-François, Le Gosier, Saint-Martin, Saint-Barthélémy, se sentent particulièrement concernés par ce phénomène et tiennent un langage assez proche.Pour eux, le tourisme a créé des emplois dans la commune ce qui a contribué à élever le niveau de vie des habitants et à attirer de nouvelles populations. Certains maires ont mené des actions particulièrement dynamiques pour favoriser son essor. Nous avons déjà vu le rôle du maire de **Saint-François** qui, dans le cadre du Conseil Général, a favorisé le développement de cette activité sur ce secteur du littoral. Il est convaincu des effets bénéfiques du tourisme sur sa commune ; il en présente les divers avantages :

> «Il y avait un restaurant à Saint-François avant le tourisme, il y en a plus de quarante au début des années 1980 ; les commerces ont renforcé leurs activités car ils s'adressent à la clientèle étrangère mais aussi aux résidents qui viennent beaucoup plus souvent et beaucoup plus nombreux qu'autrefois à Saint-François. Le tourisme a créé cinq cents emplois dans la commune dont un grand nombre d'emplois permanents. Les grands hôtels versent d'importantes masses salariales ; le golf municipal et le casino qui appartient à une société guadeloupéenne, apportent des recettes importantes. Le casino a fourni une cinquantaine d'emplois à de jeunes Saint-Franciscains. Grâce au tourisme, la

> commune s'est dotée de nouveaux services : une nouvelle banque, de nombreux médecins, pharmaciens, un dentiste. Cette localité excentrée, considérée par les gens comme trop éloignée, trop isolée, est devenue aujourd'hui attirante. En effet certaines personnes y font construire une résidence secondaire qu'ils louent aux touristes, ou souhaitent y habiter... Entre 1970 et 1980, elle est passée de 5 000 à 7 000 habitants. De nombreuses familles ont pu faire construire une maison grâce à la présence de deux salaires car beaucoup de femmes ont trouvé un emploi dans le tourisme. C'est une "industrie" valable qui peut inciter les Guadeloupéens à produire davantage dans l'agriculture, le maraîchage, la pêche... D'ailleurs le développement du tourisme profite aussi aux Antillais qui peuvent utiliser les nouvelles infrastructures grâce aux prix pratiqués pour les résidents dans les hôtels qui sont fréquentés notamment par des habitants de Basse-Terre ou de Saint-Claude. De plus, de nombreuses familles modestes se rendent au V.V.F. de Saint-François, des colonies de vacances de la Fédération des Oeuvres Laïques sont installées à proximité de ce village, et aujourd'hui un centre U.C.P.A. (Union des Centres de Plein Air) permet à la jeunesse de faire des stages sportifs».

Il fait également allusion à la vie nocturne nouvelle qui s'est créée dans cette localité. Le maire et l'équipe municipale ont déclaré dans un article du quotidien local *France-Antilles* (28 janvier 1987) vouloir poursuivre les réalisations touristiques. Le maire a précisé que le tourisme était en tête des activités économiques de la commune laquelle était passée d'un vaste marécage à une localité touristique bien connue. Récemment, il a annoncé publiquement qu'un centre de thalassothérapie serait créé prochainement.

Le maire du **Gosier** tient un langage comparable ; avec l'équipe municipale il a ardemment oeuvré pour que Le Gosier devienne une véritable station :

> «L'animation et le cadre de vie apportés par le tourisme ont rendu cette localité particulièrement agréable pour les habitants. Le tourisme sera facteur d'enrichissement extraordinaire sur le plan des relations humaines. Cependant, la population n'est pas suffisamment impliquée car les Guadeloupéens souhaitent des changements mais aiment garder des habitudes».

Il fait alors allusion aux nombreux petits restaurants, petits hôtels et gîtes ruraux qui se sont installés. Il souligne l'opposition qu'a rencontrée la construction des équipements touristiques à Bas-du-Fort et à la Pointe de la Verdure, opposition conduite par des syndicats de défense de l'environnement, et animés, selon lui, par des motifs surtout idéologiques et politiques.

Depuis deux ans, le maire et l'équipe municipale ont mis en place un syndicat d'initiative dans le but de promouvoir les richesses de la commune, protéger les sites et l'environnement, notamment l'îlet du Gosier. Ils projettent de construire aussi un circuit pour visiter les moulins et les fortins.

Les maires et les équipes municipales des **îles du Nord**, Saint-Barthélémy et Saint-Martin, ont favorisé le développement du tourisme qui apporte les ressources essentielles de ces deux îles. A Saint-Barthélémy, le tourisme est considéré comme la clé de l'économie, et les élus souhaitent y mener une politique de défense des sites naturels. Ils veulent faire du sud de l'île une zone protégée, contrôler les constructions en limitant leur taille, en exigeant des critères architecturaux... A Saint-Martin, le tourisme constitue un enjeu très important face au succès et à la rivalité de la partie hollandaise. Depuis quelques années l'équipe municipale, et plus particulièrement le maire, ont encouragé le tourisme. Le maire a personnellement participé à la réalisation de constructions et d'équipements. Il a cependant dû faire face, récemment, à des contestations d'une partie de la population qui juge le développement du tourisme excessif.

Le maire de **Sainte-Anne** et son équipe municipale reconnaissent les bénéfices du tourisme dans la commune, notamment les emplois qui ont été créés, les accords qui se sont établis entre des pêcheurs, des maraîchers et certains hôteliers et restaurateurs, les nombreux restaurants qui se sont ouverts. Le maire, d'obédience communiste, émet cependant beaucoup de réserves. Il dénonce les problèmes sociaux engendrés par le tourisme, en particulier la spoliation des terres sur les cinquante pas géométriques, le refoulement de certains habitants vers l'intérieur du pays, la hausse des prix des loyers dans la commune, le changement de mentalité des habitants. Il dénonce aussi le fait que, selon lui, le tourisme profite surtout aux sociétés touristiques qui sont exonérées d'impôts.

Dans le quotidien *France-Antilles* (21 janvier 1982), il se déclare favorable au tourisme sous la forme de gîtes ruraux, de villages de vacances pour familles. Dans cette optique du développement du tourisme intérieur, il a créé un centre de voile pour la jeunesse des environs et il compte mettre en place, sous peu, un centre de plongée sous-marine. L'équipe municipale semble avoir des projets touristiques sur un terrain dont la commune a fait l'acquisition.

L'équipe municipale de **Terre-de-Haut** aux Saintes a longtemps pratiqué une attitude de méfiance vis-à-vis du tourisme. En fait, elle souhaitait son développement mais de façon limitée et progressive, en préservant le mode de vie traditionnel et les paysages.

C'est ainsi que dans les années 1970-1980, on pouvait lire sur une pancarte située dans le port : "Naturisme interdit". Dans la définition du Plan d'Occupation des Sols (POS) la municipalité a mené une politique de protection pour faire face à la pression du tourisme. D'une manière générale, l'équipe municipale, qui considère le tourisme hôtelier comme un véritable atout économique, souhaite cependant en contrôler l'expansion, qui doit rester à la mesure de l'île. Le problème du manque d'eau est souvent évoqué.

Les municipalités des localités peu touristiques

Certaines municipalités peu touristiques ont manifesté leur volonté de voir le tourisme s'y développer. Ainsi le maire de **Basse-Terre**, également Conseiller Général, lors de la préparation du VIIIe Plan, s'est exprimé clairement à ce sujet : le tourisme, selon lui, doit être l'une des composantes du développement de la Basse-Terre avec l'agriculture. Il s'est prononcé pour un tourisme populaire.

De son côté, le maire de **Pointe-Noire** a formulé trois priorités : l'agriculture, la pêche et le tourisme. Il refuse le gigantisme hôtelier, préfère l'installation de petites unités. Il est également partisan d'un tourisme populaire.

Le maire de **Vieux-Fort** pense que sa commune peut tirer profit de sa position entre les secteurs très fréquentés des Roches Gravées (Trois-Rivières) et de Rivière-Sens (Gourbeyre). Il souhaite avant tout sortir sa commune de l'isolement, attirer et retenir les touristes. Il cite les efforts qui ont été faits dans ce sens et notamment l'exposition d'artisanat. Il voudrait un "tourisme simple avec un hébergement correct".

Le maire de **Vieux-Habitants** et son équipe municipale ont des projets en collaboration avec la commune voisine de Bouillante. But : créer une marina. Le maire de Vieux-Habitants, Conseiller Régional et Conseiller Général, est partisan d'un tourisme populaire mieux intégré dans la population ; il envisage de créer un complexe touristique sur un terrain communal.

Le maire de **Bouillante**, qui est aussi Président de l'Office du Tourisme, déclare qu'il vise un tourisme basé sur la mise en valeur de la forêt de Bouillante (*France-Antilles*, 19 mai 1987). Il pense aménager un ancien bâtiment pour accueillir le syndicat d'initiative et un centre de l'artisanat d'art produit sur la commune. D'autres projets existent également : mise en valeur des sites de l'îlet à Pigeon, développement de la plongée sous-marine dans la "Réserve à Cousteau", création d'un centre de thalassothérapie, construction de bungalows, de gîtes ruraux... L'équipe municipale de Bouillante et son maire voudraient faire de Bouillante le phare de la Côte-sous-le-Vent en matière de tourisme.

Le maire de **Baillif** (*France-Antilles*, 26 mai 1987) cite un projet (construction d'un centre de vacances et de loisirs pour les enfants de la commune) et manifeste son souhait de jouer la carte du tourisme mais pas n'importe quel tourisme. Il pense aux villages de vacances, aux gîtes ruraux, à la mise en valeur de la forêt.

Le maire de **Deshaies** prévoit surtout une animation pour la jeunesse sur la halte plaisance.

Le maire de **Capesterre-Belle Eau** veut faire de sa commune, où Christophe Colomb à débarqué en 1492, un centre culturel et touristique ; il voudrait créer un complexe touristique de 200 chambres, un Musée Christophe Colomb, une maison des Congrès internationaux. Actuellement, il travaille sur un projet de structure pour vacanciers locaux et touristes.

Lors de la présentation de la commune du **Moule** (*France-Antilles*, 15 janvier 1987), alors que cette localité fut pendant quelques années une importante station balnéaire, le thème de tourisme n'a pas été abordé. Les responsables communaux ont cependant aménagé un port de plaisance légère.

La municipalité des **Abymes**, qui a créé un syndicat d'initiative en 1985, souhaite faire du tourisme une priorité. Ses élus entendent amener les touristes à découvrir les paysages, la mangrove... Ils espèrent mettre sur pied prochainement des floralies.

La municipalité de **La Désirade** a fait appel aux investisseurs tels que comités d'entreprises, mutuelles, organismes de loisirs, pour qu'ils participent à un projet de village de vacances. (*Le Monde*, 13 septembre 1981).

L'ensemble des positions prises par les différents partis politiques et les élus montre, comme nous venons de le voir, que le consensus est général sur l'intérêt du tourisme en Guadeloupe. Les différences entre les discours tenus portent beaucoup plus sur la forme du tourisme que sur son principe. Les discours dégagent depuis quelques années une tendance générale favorable au développement du tourisme intérieur, qui pour les uns, doit trouver sa place à côté du tourisme de luxe, et qui, pour les autres, doit être considéré comme l'unique priorité.

LES AUTRES MOUVEMENTS D'OPINION

Les syndicats de salariés

Les syndicats représentent essentiellement les salariés de la grande hôtellerie. Implantés tardivement, ils touchent peu de salariés. Les grèves (Le Moule, 1979) ne sont pas rares. Les revendications portent essentiellement sur les conditions de travail et les salaires (primes, repos hebdomadaire, conventions collectives).

Aujourd'hui, les syndicats se battent pour la promotion du personnel antillais et pour l'amélioration des conditions de travail, en particulier l'obtention de deux dimanches par mois libres, jugés nécessaires aux mères de famille. Ils négocient un statut du personnel saisonnier. Les responsables syndicaux affirment se sentir soutenus par le personnel, mais regrettent que celui-ci ne prenne pas davantage de responsabilités dans l'action syndicale par crainte d'être mal vu. Ils estiment qu'il y a moins de grève dans l'hôtellerie aujourd'hui en raison des négociations personnel-encadrement, qui ont permis le dialogue dans le cadre des lois Auroux.

Le milieu associatif

Nous avons vu qu'au Gosier les grandes constructions touristiques du début des années 1970 avaient suscité la création d'associations de défense de l'environnement. Aujourd'hui, la principale organisation, "l'Association Caraïbe pour l'Environnement", créée en 1979 par le Parc Naturel de la Guadeloupe, a pour objectifs essentiels la découverte du milieu et l'information du public.

Les associations culturelles et sportives guadeloupéennes sont restées à l'écart du phénomène touristique. Les associations culturelles connaissent un réel dynamisme dans le domaine du théâtre, de la musique, des arts populaires et on assiste à la "renaissance" des contes créoles, au développement d'une littérature antillaise avec des auteurs guadeloupéens comme Maryse Condé, Simone Schwarz-Bart... Les préoccupations des associations s'orientent plutôt vers l'affirmation d'une culture spécifique et il n'y a pas en Guadeloupe de "folklorisation" de la culture pour touristes comme on a pu le décrire dans certains pays. Il existe cependant des groupes folkloriques ou musicaux qui ont été dynamisées par le tourisme. Ils se produisent dans les grands hôtels et les restaurants où ils connaissent un réel succès. Certaines associations culturelles expriment leur souhait de développer un tourisme populaire en créant des structures d'accueil dans un style architectural adapté au pays, s'inspirant de la case créole et comportant des salles de réunions, d'expositions, de conférences pour créer une véritable animation et permettre le contact entre artistes et vacanciers.

L'Eglise

Elle a manifesté un intérêt particulier à la question du tourisme. Elle a fait paraître dans son bulletin religieux, en avril 1980, un numéro spécial : "Karukéra, île aux belles eaux : le tourisme en Guadeloupe, pour quel développement ?". Cette étude pose le problème suivant : comment les réalités touristiques interrogent-elles l'Eglise, reponsable de l'Evangile ? L'Eglise s'appuie sur les textes du 2e Congrès international de la "Pastorale du Tourisme" qui s'est tenu à Rome en novembre 1979. Après avoir présenté le phénomène touristique dans son ensemble, son importance, ses aspects économiques, ses effets sur l'emploi, les responsables de l'Eglise s'interrogent pour savoir à qui profite le tourisme. Ils pensent que cette activité peut être un atout économique à condition d'être mieux intégrée dans l'économie locale ; ils proposent des formules de diversification des hébergements, l'accès aux postes de responsabilité des Guadeloupéens, une amélioration de l'environnement... L'Eglise met en garde les chrétiens contre les conséquences néfastes : le tourisme répand un modèle qui risque d'entraîner un mimétisme douteux, il crée la mentalité du "tout m'est permis, je paye", il risque de développer la prostitution, les vols, les agressions, la drogue... Cependant le tourisme est aussi présenté comme un facteur de rencontres et d'enrichissement. L'Eglise fait alors référence aux positions du pape Jean Paul II pour qui "le tourisme est le facteur de rencontre des hommes et des cultures", au pape Paul VI pour qui "le tourisme est un passeport pour la paix", et au Concile Vatican II qui a présenté le tourisme en ces termes :

> «Un enrichissement de chacun par la connaissance de l'autre, où le chrétien a un rôle important car il est porteur d'un message d'universalité, de réconciliation, de rapprochement des peuples».

L'Eglise de Guadeloupe cite les initiatives qu'elle a prises dans ce sens : elle a organisé notamment des rencontres avec les méthodistes de Philadelphie.

L'intelligentsia guadeloupéenne

La littérature, le théâtre, le cinéma guadeloupéen ont peu abordé le thème du tourisme. D'une manière générale, les intellectuels guadeloupéens ont une position d'observation vis-à-vis du tourisme. Ils analysent les effets positifs et négatifs de cette activité sur les plans économique, social et culturel. Ce sujet ne suscite pas un grand intérêt de leur part, contrairement à ce qui se passe dans certains pays comme la Tunisie, le Maroc, le Sénégal, Bali. Il semble que la culture et la société guadeloupéennes n'aient pas été vraiment perturbées par ce phénomène.

Les leaders d'opinion guadeloupéens perçoivent le tourisme en termes de dépendance ou d'indépendance. Ils proposent de "nouveaux modèles" grâce auxquels le tourisme serait mieux intégré à la vie antillaise, serait facteur de rencontre et d'enrichissement et serait autant un élément de la civilisation de loisirs pour les habitants qu'une activité économique. Ils souhaitent une appropriation du phénomène touristique par la population ainsi qu'une conservation des originalités humaines et naturelles de l'île.

LES POPULATIONS GUADELOUPEENNES FACE AU TOURISME

Après avoir enregistré les réactions des décideurs, des responsables, des principaux acteurs du développement touristique, et exposé les positions des principaux leaders d'opinion, il s'agit maintenant de connaître et de comprendre les attitudes, les sentiments des autres habitants de la Guadeloupe. Comment perçoivent-ils cette activité, les équipements touristiques mis en place et les touristes ? Le tourisme a-t-il changé leurs modes de vie, a-t-il introduit une nouvelle hiérarchisation entre les groupes sociaux ? Nous distinguerons trois groupes : d'abord ceux qui vivent du tourisme ou qui en tirent des ressources complémentaires, ensuite ceux qui en bénéficient dans le cadre de leurs loisirs, enfin ceux qui n'en profitent pas, qu'ils soient confrontés au tourisme sans y prendre part ou qu'ils soient restés à l'écart du phénomène touristique.

Pour cette étude, nous avons procédé essentiellement par l'observation des différentes populations, durant plusieurs semaines dans les secteurs géographiques, touristiques et non touristiques. Nous avons noté les attitudes des gens dans la vie quotidienne, dans les loisirs, face aux touristes qu'ils rencontraient dans les marchés, les restaurants, sur les plages, dans les transports en commun, dans le cadre de leur travail, dans les hôtels, dans les agences de voyages... Pour mieux connaître leurs sentiments, nous avons interrogé une soixantaine de personnes dans plusieurs communes, sur les lieux touristiques : des habitants de tous âges, de toutes professions, d'origines ethniques différentes : des Métis, des Indiens, des Syro-Libanais, des Blancs-Pays, des Métropolitains... Nous avons consulté la presse locale pour mieux connaître les pratiques de loisirs, les événements relatifs au tourisme, les faits divers... Nous avons utilisé les résultats d'une enquête réalisée par l'Office Départemental du Tourisme de Guadeloupe en 1982 qui a été menée dans le cadre d'une sensibilisation de la population au phénomène touristique. Ces résultats nous donnent des renseignements intéressants, précisément sur la perception du tourisme et des touristes par les populations.

LES BÉNÉFICIAIRES DES RESSOURCES ÉCONOMIQUES DU TOURISME

Aujourd'hui beaucoup de Guadeloupéens vivent du tourisme. Cette activité a créé 7 500 emplois nouveaux : 4 700 emplois directs dans les hôtels, les restaurants, les agences de voyages, les casinos, les boîtes de nuit, les transports, les services et les commerces touristiques ; 2 800 emplois indirects dans l'industrie, les services et les commerces. Huit personnes sur cent travaillent actuellement grâce au tourisme. La plupart sont des salariés permanents ou saisonniers dans les entreprises touristiques ; d'autres ont profité des nouvelles possibilités qui s'offraient pour développer leurs activités ou en tirer des ressources complémentaires.

Les salariés des secteurs touristiques

Les salariés de l'hôtellerie, des restaurants, des agences de voyages, des casinos, des diverses installations sportives, des magasins de souvenirs, de l'administration touristique (Office du Tourisme notamment) forment un ensemble particulier, nouveau dans l'économie et la société de l'île.

Les salariés de la grande hôtellerie

Ils constituent un groupe important et spécifique de plus de 2 300 personnes dont 700 saisonniers. Ils ont des conditions de travail particulières, vivent de façon quotidienne avec les touristes qu'ils servent et sont regroupés dans des secteurs géographiques bien déterminés : le sud de la Grande-Terre et les îles du Nord.

L'ouverture d'un hôtel a signifié pour les Guadeloupéens la possibilité de trouver un emploi n'exigeant pas de qualification. Ils ont surtout été attirés par les salaires. La création de nombreux emplois à une époque où la crise économique se renforçait et où le chômage s'aggravait, représentait une chance unique, en particulier dans les communes de la Grande-Terre où les usines à sucre fermaient les unes après les autres. Toutefois les emplois de serveurs, serveuses, cuisiniers, femmes de chambre, réceptionnistes ne pouvaient véritablement s'adresser aux anciens travailleurs de la canne.

L'essentiel de ces emplois hôteliers ont été occupés par des Guadeloupéens : en quasi-totalité les emplois peu qualifiés et, en nombre limité, les postes de haut niveau. Ainsi l'étude de M. Bogino [1] révélait en 1977 que parmi les 23 directeurs d'hôtels il y avait 3 Guadeloupéens, 16

---

(1) Préfecture de la Guadeloupe. *Etude des retombées économiques du tourisme en Guadeloupe durant les deux dernières années 1976-1977.*- Basse-Terre, 1977, 85 p.

Métropolitains, 4 étaient d'origines diverses (Martiniquais, Nord-Américains). Les postes de maîtrise (chefs cuisiniers, chefs de réception, maîtres d'hôtel, gouvernantes), se répartissaient de la manière suivante : 34 Guadeloupéens, 41 Métropolitains et 10 autres (le plus souvent des Antillais venant de Martinique). Il y avait seulement 6 chefs cuisiniers guadeloupéens sur un total de 19 ! Le manque de formation posait alors un véritable problème et il était difficile de trouver des gens qualifiés sur place. Les postes d'animation, qui exigent certaines compétences, étaient surtout occupés par des Métropolitains. Une large part du personnel extérieur à l'île était envoyé directement par les chaînes hôtelières pour quelques années : tel était le cas des directeurs d'établissements. Les Guadeloupéens ont été sensibles à cette répartition des emplois qu'ils ont perçue comme discriminatoire avec d'un côté les emplois subalternes faiblement rémunérés auxquels les Antillais avaient accès et d'un autre côté, les postes de responsabilité à hauts salaires qui leur apparaissaient comme réservés aux "étrangers" à l'île. Les emplois de service peu qualifiés ont été parfois dénigrés, acceptés en dernier ressort pour éviter le chômage. Cette situation a provoqué des sentiments de frustration qui pouvaient prendre l'allure d'un malaise entre le personnel dirigeant et le personnel d'exécution ou d'une tension raciale attisée par les discours de certains partis politiques peu favorables au tourisme. Ces positions ont évolué car des Guadeloupéens ont remplacé progressivement les Métropolitains dans les postes de maîtrise, par promotion interne ou par embauche de jeunes diplômés. Mais les postes de direction restent encore largement occupés par des Métropolitains ou quelques "Blancs-Pays".

Qui sont les employés de l'hôtellerie ? Ce sont généralement des jeunes qui ont été recrutés lors de l'ouverture de ces établissements. En 1977, l'enquête Bogino révélait que 90 % avaient moins de quarante ans, et 2/3 moins de trente ans. A l'heure actuelle ces salariés sont encore relativement jeunes, d'autant plus que les nouveaux embauchés sortent généralement du système scolaire qui assure des formations spécialisées.

Il est intéressant de savoir quelles étaient leurs situations antérieures car elles conditionnent leurs appréciations sur leurs emplois actuels. L'enquête précédemment citée montre qu'en 1975 37 % des salariés de l'hôtellerie venaient d'un autre hôtel et qu'ils profitaient ainsi des nouvelles ouvertures pour trouver un emploi plus près de leur domicile, qu'un quart travaillait dans une autre branche, 37 % n'avaient pas d'emploi salarié et parmi eux 6 % seulement étaient en cours d'études ou en apprentissage. Ainsi pour beaucoup, ces créations d'emplois ont été un moyen d'éviter ou de sortir du chômage ou du sous-emploi, et d'apporter un salaire régulier à la famille.

Les femmes ont bénéficié largement de ces emplois, constituant 58 % de l'ensemble du personnel hôtelier ; elles sont utilisées principalement à des emplois peu qualifiés : les services de restaurant, les services des chambres, la lingerie, mais aussi la réception et l'administration. Elles occupent de plus en plus de postes de responsabilité (gouvernantes). Généralement les hommes ont des postes plus qualifiés qu'elles : ils sont cuisiniers, chefs-cuisiniers, maîtres d'hôtels, employés à l'économat. Ce sont donc surtout les classes populaires qui ont bénéficié de ces emplois et principalement les habitants des communes de la Grande-Terre, de Saint-Martin et de Saint-Barthélémy. Certains ont déménagé et se sont installés à proximité de leurs lieux de travail. Il est frappant de constater que toutes les communes touristiques ont vu leur population s'accroître depuis le recensement de 1967, contrairement aux autres communes qui sont restées stationnaires ou qui ont perdu des habitants, exception faite de l'agglomération pointoise. Si les employés disposent d'une voiture (ce cas est de plus en plus fréquent) ils peuvent habiter aussi dans les communes voisines.

L'adaptation aux nouveaux métiers de cuisiniers, aides-cuisiniers, serveurs, barmen, femmes de chambre, réceptionnistes, hommes d'entretien, a posé quelques difficultés dans les années 1970. Ces métiers n'étaient pas connus pour la plupart. Or les hôtels de luxe exigeaient de véritables professionnels. Les cuisiniers avaient à préparer des plats internationaux ou français qu'ils connaissaient mal, les serveurs avaient à s'adresser à une clientèle exigeante composée de nombreux Américains qui ne parlaient pas le français. Même les emplois de femmes de ménage, lingères, femmes de chambre qui apparaissaient à première vue plus simples et surtout plus familiers dans cette île où certaines femmes étaient employées de maison depuis plusieurs générations, ont posé quelques problèmes. Les "métiers de services" souffrent, dans cette île marquée par le poids de l'histoire, d'une image peu valorisante. Ils ont été ressentis comme une réminiscence du passé esclavagiste. Les jeunes en particulier hésitèrent longtemps avant d'accepter ces professions ; les emplois de type administratif, tels que secrétaires, comptables, étaient beaucoup plus recherchés, mais étaient peu nombreux et exigeaient des qualifications.

Lors de l'ouverture des grands hôtels, au début des années 1970, il n'y avait pas de personnel qualifié sur place. Les employés ont été formés sur le tas pour les emplois les plus simples (gardiennage, plonge) par les hôtels, en quelques jours, pour les emplois spécialisés. En 1975, 14 % des employés (200 personnes au total) avaient reçu une formation à l'école hôtelière du Relais de la Soufrière (gérée par l'Association Guadeloupéenne pour la Formation Rationnelle de la Main-d'Oeuvre, AGFRMO) et 2 % au lycée technique de Baimbridge. C'est par la suite seulement que les formations se sont développées. Mais lorsque les nouveaux jeunes diplômés sont arrivés sur le marché du travail de nombreux postes étaient déjà pourvus.

La perception des touristes par ceux qui les servent est complexe. L'essentiel du travail dans les hôtels de luxe consiste à servir une clientèle en vacances, donc très disponible, mais exigeante car habituée à une certaine qualité et conformité du service. Les contacts sont généralement superficiels et inégalitaires ; la communication avec les étrangers est difficile pour des raisons linguistiques. Ces employés trouvent généralement les contacts très décevants car, disent-ils, les vacanciers viennent surtout pour le soleil, la plage, et manifestent peu d'intérêt pour le reste du pays, et pour ses habitants.

Ce sont surtout les comportements des employés vis-à-vis de la clientèle qui traduisent le mieux leurs sentiments, leur sensibilité voire leur susceptibilité. Il n'est pas rare de voir des attitudes contradictoires : si des clients semblent sympathiques, la serveuse du restaurant manifeste beaucoup de gentillesse ; inversement un mot sur un ton qui blesse et les plats traînent ou sont apportés avec mauvaise grâce, ce qui crée parfois des heurts entre employés et touristes. Mais ces conflits n'éclatent pas en général. Les touristes quant à eux déplorent, nous l'avons vu, la qualité du service, le mauvais accueil et les difficultés de communication. Cette incompréhension tient sans doute à la distance qui sépare ces deux catégories de gens. La clientèle exigeante et riche, qui dépense de grosses sommes en quelques jours, est mal perçue des Guadeloupéens qui préféreraient une clientèle plus familiale, plus modeste et plus proche d'eux. Les employés de la petite hôtellerie en sont la preuve : ils sont beaucoup plus satisfaits de leurs rapports avec les touristes. Il est vrai que leurs contacts sont facilités par la taille des établissements. Ils se sentent ainsi mieux reconnus, identifiés. Les relations sont moins anonymes et mieux perçues. Dans l'enquête réalisée par l'Office du Tourisme, le personnel, à 90 %, a déclaré être satisfait des relations qu'il entretient avec les touristes. Les employés des hôtels qui se sont familiarisés avec leurs métiers, pensent aujourd'hui (plus qu'autrefois) qu'ils sont appréciés par la clientèle d'habitués ("qui aime bien le petit personnel") ainsi que par la clientèle d'affaires ou les vacanciers ("sensibles à l'accueil chaleureux qui leur est réservé").

L'adaptation des employés aux conditions de travail a été difficile : pour la plupart le cadre et l'environnement des hôtels de luxe étaient peu familiers. Les grandes bâtisses en béton, à plusieurs étages, sont souvent mal ressenties car elles reflètent mal la personnalité du pays et les 2/3 d'entre eux ont déclaré qu'ils auraient préféré une architecture différente. Le luxe surprenait, choquait. Puis, progressivement, les employés se sont accoutumés et beaucoup aujourd'hui disent qu'ils trouvent les hôtels agréables, fonctionnels, les jardins très beaux. Ils sont fiers de travailler dans un tel cadre, même s'ils ont dû s'adapter à des horaires contraignants : les cuisiniers, les serveuses de restaurant travaillent jusqu'à 22-24 heures, les réceptionnistes, les animateurs de soirées, une partie de la nuit. Certains disent qu'ils se sont habitués à cette façon de vivre, mais d'autres estiment que ces horaires gênent la vie familiale, notamment les mères de famille qui, de surcroît, n'apprécient pas le travail dominical. Les plus jeunes acceptent mal les horaires, surtout les réceptionnistes, tandis que le personnel subalterne s'accommode davantage de ces conditions. Ces remarques concernent aussi le personnel de la petite hôtellerie. Au total, dans l'enquête déjà citée, la moitié seulement des personnes ont déclaré être satisfaites de leurs conditions de travail. Ces employés travaillent en équipe et sont souvent plus d'une centaine dans chaque établissement. Le personnel d'exécution effectue des tâches précises, encadré par la hiérarchie : les femmes de chambre sont chargées du ménage d'un certain nombre de chambres, sous la responsabilité d'une gouvernante, elle-même placée sous les ordres de la direction. Ces tâches spécialisées, peu variées, sont apprises rapidement. Le problème des relations se situe surtout par rapport à la hiérarchie. Des psycho-sociologues ont montré dans une étude générale [1] que les Antillais ont une attitude face au travail marquée par une prédominance de l'élément affectif, qu'ils n'aiment pas le travail en équipe, qu'ils préfèrent une activité artisanale indépendante, qu'ils acceptent mal la dépendance vis-à-vis d'un supérieur et qu'enfin ils manifestent une opposition passive envers l'employeur. Dans l'hôtellerie, la situation se complique par la présence d'un encadrement "étranger" : les employés acceptent mal, disent-ils, d'être commandés par une personne extérieure au pays, qui les connaît mal et qui change souvent. Les gérants d'origine métropolitaine qui ont dirigé des établissements similaires en Métropole sont habitués à un certain rythme de travail, à un certain rendement : ils reprochent parfois aux Guadeloupéens leur lenteur. Les mentalités sont différentes, ce qui crée parfois des tensions. Les salariés pensent qu'un dirigeant Guadeloupéen serait mieux accepté.

De fait, l'enquête menée par l'Office du Tourisme révèle que 27 % sont satisfaits des relations qu'ils ont avec les supérieurs, mais que 30 % sont insatisfaits. Beaucoup ne se prononcent pas. Les relations entre collègues sont par contre considérées comme bonnes (2/3). Cette enquête montre qu'ils sont surtout mécontents des salaires (67 % d'insatisfaits, les femmes particulièrement). Pourtant les rémunérations correspondent au SMIC et suivent les grilles indiciaires établies par chaque chaîne. Les salariés bénéficient par ailleurs d'un ou de deux repas par jour. Il faut sans doute rapprocher ce mécontentement de la différence des salaires qui existe entre le privé et le public. Cependant le dialogue direct avec le personnel subalterne, qui représente une large part des salariés, apporte des éléments de pondération : les salaires sont particulièrement appréciés. Une femme de ménage d'un grand hôtel disait en 1980 :

«Je touche 2 000 F par mois, je suis payée 12 mois sur 12, j'ai un mois de congé par an, j'ai aussi un repas gratuit par jour»

Cette personne traduisait le sentiment de beaucoup d'autres. En fait le personnel subalterne apprécie le changement que l'hôtellerie a introduit dans leur vie. Ces gens occupaient auparavant un emploi peu rémunéré et irrégulier dans l'agriculture ou comme employées de maisons (pour les femmes). Leur nouvel emploi leur convient. Ils n'attendent pas de promotion et savent qu'ils ne trouveront pas une situation meilleure dans un autre secteur. D'ailleurs, la plupart sont en place depuis l'ouverture de l'hôtel et n'ont pas cherché d'autre emploi.

---

(1) EDOUARD, B. et BOUCKSON, G. : *Les Antilles en question, assimilation et conflits de culture dans les DOM*.- Fort-de-France, 1975, 275 p.

Quels sont les rapports entre les salariés des grands hôtels et les syndicats ? Au début des années 1970, le personnel n'était pas syndiqué dans l'hôtellerie. Les premières manifestations syndicales sont apparues en 1979 lorsqu'une grève de plusieurs jours a été conduite dans les hôtels du Moule. Progressivement un certain nombre de salariés, constatant qu'ils ne bénéficiaient pas de promotions et que l'hôtellerie avait pris du retard par rapport aux autres secteurs, se sont affiliés à des syndicats. En 1981, une grève a été lancée pour revendiquer des promotions et une harmonisation des conditions de travail sur l'ensemble des hôtels, des primes d'ancienneté... D'une manière générale les employés soutiennent les syndicats. Mais il y a eu aussi des conflits entre personnels syndiqué et non syndiqué : le quotidien *France-Antilles* (19 février 1987) donne la parole au personnel non syndiqué du V.V.F. de Saint-François qui souhaite informer la population de la situation :

> «Les non grévistes sont 13 sur un total de 15 employés, le conflit dure depuis plusieurs mois, et ils souhaitent mettre fin aux informations erronées ou tendancieuses concernant le personnel du V.V.F. de Saint-François. Ils soutiennent le directeur du village et dénoncent les entraves à la liberté du travail, les intimidations induites, les actes de sabotage de toutes sortes perpétrés à l'encontre de chacun d'entre eux et de leur outil de travail. Ils affirment qu'ils s'opposent aux syndicalistes en question, qu'ils condamnent leurs actions, jugées politiques : ils refusent la dictature de personnes qui n'ont qu'un but : destabiliser l'unique structure de tourisme social actuellement en pleine activité. Ils condamnent les arguments extrêmes du personnel gréviste minoritaire et refusent la réintégration de la personne licenciée».

Ce conflit a, en fait, une dimension politique qui dépasse largement l'aspect professionnel. L'influence des milieux indépendantistes, qui paraît s'exercer ici, s'est manifestée en 1980, dans quelques hôtels du Gosier où des employés refusaient de parler le français, s'exprimant seulement en créole. En réalité le malaise est plus large : c'est celui de la population antillaise revendiquant son identité.

Les positions et les implications sont différentes selon le statut de ces salariés, leurs attentes et leurs situations antérieures. Les salariés subalternes constituent un personnel stable qui accepte sa situation. A cet égard, le témoignage de cette femme de ménage d'un hôtel du Gosier est exemplaire. Il s'agissait d'une personne d'une cinquantaine d'années :

> «Avant j'habitais la campagne, je suis venue au Gosier car j'y avais trouvé un emploi, mais j'étais mal payée et je devais faire des heures de ménage en supplément. Depuis huit ans je suis dans cet hôtel. Ici je travaille toute l'année, je gagne 3 600 F par mois et j'ai un mois de congé. Je travaille 8 heures par jour entre 12 heures à 22 heures. J'ai fait construire une maison en "dur" près de la case que j'avais amenée au Gosier : une maison avec tout le confort moderne ! J'ai quatre enfants, trois filles et un garçon, trois travaillent dans les hôtels voisins, le garçon comme cuisinier, il n'a pas de diplômes, les deux filles comme femmes de chambres, la quatrième est employée de bureau. Mon mari est agriculteur, il travaille dans la canne. Ici, je trouve le cadre agréable. Je me fais du souci car en ce moment, il n'y a pas beaucoup de

clients, et il faut payer le personnel. Je regrette de n'avoir pas eu de formation pour avoir un emploi plus qualifié, comme femme de chambre par exemple, un travail à responsabilité. Mais il faut travailler et ce travail n'est pas déshonorant».

Pour beaucoup, l'emploi qu'ils occupent signifie avant tout un salaire régulier ; pour les femmes, il s'agit parfois d'un second salaire, mais souvent il constitue l'essentiel des revenus du ménage. Si les enfants travaillent aussi dans un hôtel, l'élévation du niveau de la vie de la famille est important. Ainsi de nombreux salariés des hôtels de Saint-François, de Sainte-Anne, du Gosier, de Saint-Martin, ont pu faire construire une maison. Beaucoup manifestent cependant de l'inquiétude en raison de la fragilité du tourisme, de la saisonnalité, qu'ils ressentent comme une menace pour leur emploi, leur avenir. Ils se sentent tributaires de la réussite du tourisme. Ils font ressortir l'amélioration de leur niveau de vie mais, généralement, expriment de faibles attentes, n'espèrent pas réellement de promotion. Apparemment ils ne se sentent pas déconsidérés par leur profession mais sont très sensibles aux remarques, parfois susceptibles. Dans la petite hôtellerie, les employés peu qualifiés exercent plusieurs tâches différentes : l'accueil, les services, la cuisine... dans un contexte familial, et se sentent mieux considérés dans leur emploi. Toutefois, certains salariés manifestent des sentiments contraires : ils disent qu'ils auraient préféré travailler dans un grand hôtel où les salaires sont plus élevés. Certains, embauchés au départ dans les emplois peu qualifiés, ont cherché à obtenir une promotion. Ils ont suivi des stages de formation proposés par les hôtels et sont alors devenus serveurs, serveuses, cuisiniers, parfois chefs cuisiniers, gouvernantes... D'autres ont profité de leur savoir-faire pour s'installer à leur propre compte, comme restaurateurs par exemple.

Les employés qualifiés forment un autre groupe. Le cas des jeunes diplômés est particulier. Depuis l'ouverture des grands hôtels, des formations se sont installées en Guadeloupe et de nombreux diplômés sont arrivés sur le marché de l'emploi. Un enseignant de l'école hôtelière du lycée de Baimbridge à Pointe-à-Pitre, également chroniqueur dans le quotidien *France-Antilles,* relate dans le jounal du 4 août 1987, à la suite d'une enquête menée auprès des anciens élèves de cette section d'enseignement :

«Beaucoup d'élèves, malgré les difficultés trouvent un emploi sur place, certains travaillent dans les entreprises familiales, d'autres ont choisi d'acquérir une plus grande expérience et se rendent momentanément en Métropole ou dans les pays francophones comme la Suisse ou le Canada. Un petit nombre semble avoir réussi, ils sont devenus maîtres d'hôtels, professeurs de cuisine, personnel d'encadrement».

Ces diplômés de l'hôtellerie ont vis-à-vis de leur travail une position qui se démarque des autres employés. Ils ont conscience de leur qualification, de leur savoir-faire. Ils savent qu'ils ont de l'avenir dans cette profession et qu'ils obtiendront une promotion. Les nouveaux recrutés auraient tendance, plus que les anciens employés, à rechercher un emploi mieux rémunéré. Ils ont choisi ce métier et ont subi une sélection sévère pour entrer dans les écoles. Pour eux, la profession est valorisante.

Le lycée technique de Baimbridge assure actuellement deux niveaux de formation : le C.A.P. et le B.E.P. La formation C.A.P. se déroule sur deux ans dans les spécialités suivantes : personnel d'étage, lingère, repasseuse, serveur, employé de réception, commis de restaurant, aide cuisinier, aide glacier, aide sommelier... Cette section qui dispose de 35 places au total, reçoit chaque année 200 à 250 candidatures provenant de la Guadeloupe, de la Martinique, de la Guyane.

Ce personnel qualifié, qui a une vision valorisante de son métier, est en train de modifier l'image des professions hôtelières. La formation apparaît donc essentielle pour une meilleure participation des Antillais au phénomène touristique. L'enseignant chroniqueur déjà cité écrivait dans *France-Antilles* le 11 juillet 1987 :

> «De la qualité du personnel embauché dépendra l'avenir du tourisme en Guadeloupe. En effet, de la qualification, de l'efficacité dépend la promotion du personnel, la possibilité de former un encadrement longtemps réservé aux Métropolitains».

Tout le monde s'accorde à faire observer qu'il manque une formation supérieure aux métiers de l'hôtellerie et de l'accueil. Celle-ci est réclamée par la plupart des professionnels. Elle permettrait l'accès des Antillais aux postes de responsabilité. L'intérêt d'une formation sur place tient aussi à la prise en compte de la spécificité du milieu sur les plans géographique, humain et touristique dans le cadre des études. Pour une réceptionniste, un guide, une hôtesse d'accueil, la connaissance de la flore, de la faune, de l'histoire, de l'architecture locales, la maitrise d'une ou deux langues étrangères, des techniques de communication, la connaissance des îles environnantes, semblent indispensables. Pour aimer faire découvrir un pays, il faut sans doute l'apprécier mais surtout bien le connaître et savoir le présenter aux étrangers. Le professionnalisme donnerait une autre perception de ces métiers. Toutefois, une formation de haut niveau poserait rapidement un problème de débouchés sauf si elle est conçue pour répondre aux besoins d'une large région géographique. Il est certain qu'une meilleure formation et des diplômes permettraient aux Antillais d'occuper des postes plus élevés et donc de mieux impliquer la population dans le phénomène touristique. Le processus est en marche si l'on en juge par l'intérêt porté par les jeunes à ces métiers, les filles autant que les garçons.

Les employés qui ont une profession très spécialisée dans l'hôtellerie forment un groupe particulier. L'exemple de ce jeune barman d'un hôtel du Gosier est significatif :

> «J'ai changé d'hôtel récemment. Avant, j'étais dans un autre hôtel du Gosier mais en raison des changements survenus dans l'établissement, je suis venu dans celui-ci. J'ai appris le métier sur le tas. Je suis employé 12 mois sur 12 et j'ai un mois de congé. Je travaille de 15 à 23 heures. Mon salaire actuel est

de 2 000 F (en 1980). J'habite Sainte-Anne et tous les jours je fais le trajet. Ma famme fabrique des poupées et travaille dans la confection de madras à Pointe-à-Pitre. Nos enfants sont gardés par ma belle-soeur. Le tourisme ne devrait pas être la seule ressource de l'île mais seulement un appoint. D'ailleurs les conditions aujourd'hui sont difficiles, il y a seulement 5 clients dans l'hôtel et il faut payer le personnel. Les hôtels ici sont très chers, dans les îles voisines ils coûtent moitié prix, les clients s'en rendent compte. De plus le tourisme ne profite pas à l'île, l'argent n'est pas réinvesti sur place. Cela pose des problèmes pour l'avenir du pays, pour nos enfants. Que feront-ils ? On ne prépare pas suffisamment leur avenir. Pour moi, il faudrait d'autres activités de production, des industries...».

La position de ce barman rejoint celle de la femme de ménage. Il s'interroge aussi sur les choix qui sont faits et se rapproche ainsi de certains discours politiques.

Certains ont déjà fait une expérience à l'étranger ou en Métropole. Ils sont parfois déçus comme ce jeune Antillais employé dans la discothèque d'un grand hôtel :

«J'ai déjà travaillé pour cette chaîne en Suisse et j'ai voulu revenir en Guadeloupe. J'ai donc obtenu ce poste. J'ai travaillé pendant 6 mois mais j'ai demandé à repartir dans un autre hôtel de la chaîne, à Paris. C'est un Suisse qui me remplacera ! Je repars car l'île me semble trop petite, trop étroite. Je veux voyager, connaître autre chose. Je souffre de cette insularité. De plus ici je gagne beaucoup moins qu'en Europe, je travaille de 20 heures à 2 heures du matin. A Paris je gagnerais le double. Ici la vie est trop chère. J'habite chez mes parents à Pointe-à-Pitre et tous les jours je fais le trajet jusqu'à Saint-François. La musique proposée ne diffère guère de celle que l'on trouve en Europe ; il y a peu de musique locale dans les boîtes de nuit de l'île. Actuellement la discothèque est peu fréquentée. Mes contacts avec les touristes sont bons, quoique superficiels. Je pense que le tourisme fait vivre de nombreuses familles. Ce choix qui a été fait de développer le tourisme n'est ni bon ni mauvais. Mais il aurait été préférable de mettre à côté autre chose pour faire vivre l'île, des usines par exemple, et des centres de formation car on exige beaucoup de diplômes».

Il faut distinguer aussi le cas des jeunes bacheliers et bachelières qui sont employés, réceptionnistes ou affectés à l'accueil des grands hôtels. Nombreuses sont les jeunes filles qui, après avoir passé le baccalauréat, demandent à travailler dans un hôtel à l'accueil ou dans l'administration de l'établissement, comme secrétaires, comptables. Beaucoup (80 %) restent moins de deux ans à la réception, car ce métier ne correspond pas à leur attente. Si elles n'obtiennent pas une promotion, elles abandonnent leur emploi. Ces jeunes filles se sentent déclassées par rapport à leurs camarades qui ont trouvé un poste dans le service public car les professions dites "intellectuelles" sont beaucoup plus valorisées. Elles se sentent généralement mal à l'aise dans ces professions qui les mettent en contact avec une clientèle difficile et elles rechignent à "servir". Ces métiers ne les motivent pas, vraisemblablement en raison de leur manque de formation. La qualification, la connaissance d'une ou plusieurs langues étrangères, des techniques d'accueil et la possession d'un diplôme changeraient sans doute la perception de ces métiers.

Il faut distinguer un autre groupe de salariés, les saisonniers, que nous avons évoqué, ainsi que les chômeurs. A la suite des fermetures d'hôtels au Moule en 1979, et du Club Méditerranée à Deshaies en 1986, plusieurs centaines d'employés se sont retrouvés au chômage. Beaucoup d'employés des hôtels du Moule ont trouvé du travail dans les hôtels de Saint-François et de Sainte-Anne. Le problème à Deshaies est plus aigu car cette localité se trouve isolée et éloignée des autres stations touristiques. On y a observé quelques initiatives intéressantes : sept femmes licenciées ont utilisé leur expérience dans l'hôtellerie pour créer une affaire originale : le "Faitout volant" ; elles proposent aujourd'hui des repas tout prêts. Ceci traduit bien le goût qu'elles ont pour ce travail et la confiance qu'elles placent en l'avenir. Les saisonniers, de manière générale, reviennent chaque année dans le même hôtel à la haute saison. Ils sont au chômage le restant de l'année, ce qui pose bien des problèmes aux femmes chefs de famille. Les nouveaux diplômés, qui ne trouvent pas toujours un poste, acceptent le travail saisonnier qu'ils complètent en faisant des "extras" dans les hôtels.

Ainsi le tourisme a créé un nouveau groupe social, celui des salariés des grands hôtels, très localisés géographiquement et qui disposent d'un niveau de vie relativement élevé par rapport à leurs situations antérieures et par rapport aux agriculteurs et aux ouvriers. Dans de nombreux cas, il s'agit de femmes qui apportent un second revenu dans le ménage. Leurs modes de vie, marqués par des horaires particuliers, des contacts permanents avec les étrangers ont fait évoluer leurs mentalités.

Il faut s'interroger sur la signification de l'importance du nombre des femmes employées dans l'hôtellerie : elles y représentent, rappelons-le, 58 % du personnel total, et 71 % du personnel permanent. Le tourisme a contribué à l'augmentation de l'activité des femmes. Traditionnellement, elles occupaient des emplois peu qualifiés et faiblement rémunérés dans l'agriculture ou dans les services... Au cours de ces dernières années beaucoup de femmes ont accédé à des emplois plus élevés dans les services privés ou publics comme l'enseignement, l'administration, surtout dans les deux grandes agglomérations de Pointe-à-Pitre et Basse-Terre. Le développement de l'hôtellerie, de son côté, a profité surtout aux classes populaires et rurales. Ce sont des femmes habitant les bourgs de la campagne de la Grande-Terre, de Saint-Martin et de Saint-Barthélémy qui ont trouvé un emploi ; nombre d'entre elles font désormais vivre leur famille ou apportent une amélioration considérable au niveau de vie du ménage. Comment sont-elles perçues par leur famille, leur mari, la société ? L'image de la femme antillaise est particulière. On relève dans les articles parus dans la revue du CENADDOM *Les Dossiers de l'Outre-Mer* (dossier "Femmes des DOM", 1er trimestre 1986), que la femme est sous la tutelle masculine, qu'elle est considérée par la société surtout comme la "mère de ses enfants" et qu'elle reste un être mineur.

Cette autonomie financière dont elles disposent désormais ne les rend-elles pas moins dépendantes de leur mari, de leur milieu familial, ne les soustrait-elles pas à l'obligation qu'elles avaient parfois de recevoir un concubin pour subvenir à leurs besoins et à ceux de leurs enfants ? Incontestablement, le rôle de la femme se modifie si l'on en juge par les associations et les mouvements qu'elles animent. C'est sous l'influence du mouvement féminin "Autrement Femme" que les sept licenciées de Fort-Royal se sont lancées dans la création d'une coopérative artisanale de traiteur.

Les salariés des autres secteurs touristiques

Ils travaillent dans les agences de voyages, les restaurants, les casinos, le golf, les ports de plaisance, les transports touristiques, les magasins touristiques, l'Office du Tourisme. D'une certaine manière ils se trouvent dans des conditions proches des salariés de l'hôtellerie : ils vivent du tourisme et sont en contact avec les touristes. Mais, par ailleurs, leurs conditions de travail se rapprochent aussi des autres employés du secteur tertiaire. Généralement ils exercent dans des établissements de petite taille à ambiance familiale, avec une hiérarchie peu marquée. Les patrons sont souvent originaires de l'île. La plupart travaillent dans la ville de Pointe-à-Pitre. Les employés des restaurants sont bien souvent des membres de la famille du propriétaire ou des gens de la commune qui connaissent bien le patron. L'activité se déroule dans une bonne atmosphère : les clients se renouvellent chaque jour, les contacts sont brefs et limités. Les chauffeurs de taxi employés par les compagnies font remarquer qu'ils aiment bien travailler avec les touristes avec qui ils ont de bons contacts, surtout dans le cadre d'excursions qui durent une demi ou une journée :

> «Les touristes nous font confiance, ils nous demandent quels sont les lieux les plus intéressants à visiter, ils s'en remettent à nous pour le choix des restaurants ; des conversations s'engagent avec eux».

Ils distinguent les "bons touristes" qui s'intéressent au pays, posent des questions, et... donnent des pourboires. Ils apprécient particulièrement les Métropolitains et les Québécois avec qui ils peuvent parler. Les chauffeurs d'autobus et les guides qui accompagnent les excursionnistes aiment leurs professions et les contacts qui s'établissent avec les vacanciers ; ils font aussi remarquer :

> «A la fin de chaque excursion les touristes font généralement une collecte pour le chauffeur et une autre pour le guide, ce qui témoigne de leur satisfaction».

Ils sont sensibles à ce "geste" tout en appréciant l'appoint financier qu'il représente. Ils connaissent bien les goûts des clients et manifestent un réel intérêt pour les curiosités du pays. Ils ont souvent acquis une connaissance du milieu naturel et de l'histoire.

Les Antillais se sont progressivement intéressés aux nouveaux métiers proposés par les agences de voyages et remplacent de plus en plus les Métropolitains dans les postes de représentants dans les hôtels ; ils se sont formés sur le tas.

Les salariés des activités touristiques ont des réactions diverses selon le type d'établissement dans lequel ils travaillent, selon leurs statuts, leurs qualifications, leurs situations antérieures. Tous reconnaissent l'importance de l'activité touristique qui leur a permis de trouver un emploi et qui les fait vivre. Ils ne remettent pas en question le tourisme lui-même pour lequel ils témoignent d'un réel intérêt, mais bien souvent ils souhaiteraient des améliorations, une meilleure formation aux métiers et l'accès des Antillais aux postes de responsabilité.

Les Guadeloupéens qui retirent des gains du tourisme

Nous avons vu que les Guadeloupéens ont investi dans plusieurs secteurs touristiques (petite hôtellerie, para-hôtellerie, restauration, transports, commerces et services touristiques). A côté de ces professionnels d'autres habitants tirent du tourisme des ressources complémentaires, des gains qui représentent souvent un appoint. Ils ont su tirer profit de la présence des vacanciers de plus en plus nombreux et qui cherchaient à acheter des souvenirs, à visiter le pays, à se distraire. Les femmes se sont surtout intéressées à l'artisanat. Certaines fabriquent de petits objets (colliers de coquillages, poupées créoles), d'autres confectionnent des vêtements de madras (robes, chemises, shorts), d'autres peignent sur des tissus qu'elles transforment en vêtements, d'autres enfin fabriquent des paniers, des éventails, des chapeaux (en particulier les femmes de Saint-Barthélémy). Elles vendent elles-mêmes ces objets ou par l'intermédiaire d'un membre de la famille ou d'un commerçant, dans des boutiques, sur des places ou des marchés.

Quelques Guadeloupéennes viennent vendre des sorbets sur les plages le week-end et de plus en plus en semaine. Aux Saintes les enfants proposent des gâteaux de noix de coco, "les tourments d'amour". Certains Antillais ont investi dans l'achat d'une camionnette et vendent des glaces, des boissons fraîches, des cartes postales, des sandwiches...

Des pêcheurs vendent une part de leur production (langoustes, poissons de qualité) aux hôtels et aux restaurants à un prix intéressant car la demande, devenue de plus en plus forte ces dernières années, a fait augmenter les prix. Certains ont même créé des restaurants spécialisés dans les poissons, notamment au Gosier et à Saint-François ; ils mènent de front les deux

LES POPULATIONS GUADELOUPÉENNES FACE AU TOURISME 141

Planche 8

Le marché traditionnel profite au tourisme

Exposition artisanale devant la case d'une Saint-Barth.

activités, avec l'aide de leur famille. D'autres conduisent les touristes sur les îlets voisins en barque. Certains maraîchers ou agriculteurs vendent une partie de leurs productions aux hôtels et aux restaurants.

Les situations de tous ces gens sont diverses : pour certains le développement du tourisme leur a permis de se procurer des revenus complémentaires qui améliorent leurs ressources existantes ; pour d'autres, qui n'ont pas d'emplois, il s'agit de modestes gains, insuffisants pour vivre.

LES BÉNÉFICIAIRES DES PRATIQUES DE LOISIRS

Aujourd'hui la Guadeloupe dispose d'une gamme variée de possibilités de loisirs et de distractions. Le développement du tourisme s'est traduit, dès le début des années 1970, par des équipements et des activités qui ont bouleversé les pratiques de loisirs des habitants. On observe cependant un mode de participation différencié selon les groupes sociaux.

Les loisirs traditionnels

La plupart des distractions des Guadeloupéens se calquent sur le calendrier des fêtes métropolitain auquel s'ajoutent quelques formes particulières.

Les fêtes se déroulent surtout autour de réunions familiales, selon des traditions originales : par exemple, les lundis de Pâques et de Pentecôte, les habitants ont coutume de se retrouver sur des plages où ils organisent de véritables festins. Autrefois, même en cette occasion, on n'allait guère se baigner, ni prendre le soleil. Peu d'enfants savaient nager. Il n'y avait d'ailleurs pas de piscine dans l'île. Aujourd'hui les coutumes ont changé : les gens viennent de plus en plus nombreux et de plus en plus souvent passer, durant les week-ends, l'après-midi au bord de la mer.

La fête la plus prisée était et demeure le carnaval qui se déroule sur cinq jours. Plusieurs manifestations populaires sont organisées dans les rues, surtout à Pointe-à-Pitre où enfants et adultes se retrouvent pour participer aux défilés costumés : des cortèges de chars défilent et une "Reine du carnaval" est élue, dans une ambiance de musique et de danse très colorée et chaleureuse. Le mercredi des Cendres, jour de la mort de carnaval, appelé populairement "Vaval", chacun s'habille de noir et blanc en "diablesse" et "guiblesse", les défilés parcourent la ville et à la tombée de la nuit une effigie de "Vaval" est brûlée ; la fête s'achève en danses et musiques. Au cours de ces dernières années, le carnaval a connu un véritable renouveau. Dans le cadre des écoles, des communes, des comités d'entreprises les habitants préparent, pendant plusieurs semaines, cette fête qui attire de nombreux spectateurs locaux et de nombreux touristes.

PLANCHE 9

Le carnaval place de la Victoire (Pointe-à-Pitre)

Pique-nique dominical sur la plage de Port-Louis

Parmi les spectacles traditionnels, les combats de coqs qui se disputent dans les "pitts" ou gallodromes, sont des plus originaux. Ils ont lieu en plusieurs endroits de l'île, dans une ambiance passionnée. Les spectateurs engagent des paris parfois importants. Les touristes y participent peu.

Les fêtes patronales animent chaque année les villages. Certaines jouissent d'une grande réputation, attirant Guadeloupéens et touristes : tel est le cas de la fête de Terre-de-Haut (15 août), de celle de Saint-Martin (11 novembre), de celle de Saint-Barthélémy (24 août). D'autres fêtes sont plus spécifiques. Pour la Sainte-Cécile des concerts sont organisés dans les communes. La fête des cuisinières (9 août) donne lieu, à Pointe-à-Pitre, à une parade de femmes costumées portant un tablier brodé à la taille, un madras noué sur la tête et un panier chargé de gâteaux et d'ustensiles de cuisine miniatures. Elles présentent des plats locaux, se rendent en procession à la cathédrale pour la grand'messe et la fête se poursuit par un grand banquet animé de danses et de musique.

D'autres manifestations se déroulent tout au long de l'année. A la Maison de la Culture de Pointe-à-Pitre, un théâtre guadeloupéen orienté vers la tradition orale, présente des contes, des veillées, des devinettes. Il existe de nombreuses associations culturelles, dites "Sociétés", des troupes folkloriques, des groupes musicaux...

L'affirmation de l'identité culturelle qui caractérise aujourd'hui la population guadeloupéenne, a favorisé le renouveau de certaines traditions. D'autres, au contraire, se perdent peu à peu. Un chroniqueur du quotidien *France-Antilles* écrivait le 22 avril 1987 :

> «Lundi de Pâques : la tradition a été respectée mais avec peu d'enthousiasme».

Il fait remarquer que cette fête n'a plus la même signification qu'autrefois : actuellement, les Guadeloupéens se rendent sur certaines plages où ils rencontrent des amis qu'ils n'ont pas vus depuis longtemps ; or il constate :

> «Ce que l'on trouve d'étrange c'est que lorsque l'on demande aux gens s'ils ont des relations avec leurs voisins, ils affirment que non et il ajoutent : nous ne les connaissons pas, on n'a pas le temps, on a établi un programme avant de venir. Visiblement, il y a un problème de communication qui se pose et la tradition se perd. Le matété et le calalou sont de plus en plus rares. Les gens grillent des poulets sur les plages. On partage rarement avec le voisin comme cela se faisait autrefois... Déjà à midi les gens s'assoupissent... La note de joie pascale a beaucoup diminué !».

Le développement du tourisme a cependant dynamisé certaines activités telles que les danses folkloriques et la musique antillaise, remise à la mode par des chanteurs caraïbes. Les hôtels font appel régulièrement à des groupes musicaux ou à des troupes folkloriques. Certaines manifestations originales sont encouragées par l'Office du Tourisme, comme la fête des cuisinières.

Les nouveaux loisirs

Très vite la bourgeoisie locale a pris goût aux nouvelles distractions proposées par le développement du tourisme. Les trois premiers hôtels qui ont été construits au Moule, à Sainte-Anne, à Deshaies, sont restés longtemps fermés à la population locale. Par contre les établissements qui ont été réalisés par la suite se sont ouverts aux résidents : les bars, les restaurants, les discothèques, le matériel de sport, la plage privée, la piscine sont devenus accessibles. Des prix spéciaux pour des week-ends ou des séjours ont été pratiqués très tôt par certains hôtels pour attirer la clientèle locale.

Les Métropolitains installés dans l'île

Ce sont des fonctionnaires, des cadres d'entreprises, des jeunes volontaires de l'aide technique etc... Ils se sont rapidement tournés vers ces nouveaux espaces qui représentaient une ouverture de l'île vers le monde extérieur. A certains égards leurs comportements dans l'archipel se rapprochent de ceux des touristes : durant les vacances, les week-ends, ils visitent les lieux pittoresques, se rendent dans les Dépendances ou les îles voisines. Ils apprécient les plages, les baignades. Ils sont surtout attirés par les activités liées à la mer. Certains prennent l'habitude de fréquenter les plages des grands hôtels qu'ils trouvent bien équipées, en particulier la plage de la "Caravelle" à Sainte-Anne. Ils s'inscrivent dans les clubs de tennis, de plongée sous-marine, louent du matériel sportif. Profitant de la présence des ports de plaisance, certains achètent un voilier ou un bateau à moteur. Ils découvrent des restaurants "typiques", y passent des soirées. Ils fréquentent aussi les restaurants des grands hôtels ou proches de la marina du Gosier dans lesquels ils trouvent une cuisine française ou internationale ; de temps à autre ils se rendent dans les casinos, les discothèques. Au fil des années, ils ont pris l'habitude de fréquenter certains restaurants et certaines plages. Ceux qui habitent ou travaillent à Pointe-à-Pitre viennent régulièrement le soir se détendre et se distraire dans le bar d'un grand hôtel du Gosier. Les hommes d'affaires fréquentent les hôtels pour leurs déjeuners ou dîners professionnels. Nombreux sont les Métropolitains qui habitent les nouveaux immeubles ou les villas du Gosier. Cette localité leur paraît plus vivante, plus animée que la ville de Pointe-à-Pitre. Dans l'ensemble cette communauté s'est intégrée facilement et rapidement au phénomène touristique, en raison, notamment, de ses aspirations et de son pouvoir d'achat.

La bourgeoisie autochtone

La bourgeoisie locale ("Blancs-Pays" et "Métis") et une partie de la classe moyenne offrent des comportements analogues. Certains ont acheté des bateaux, pratiquent la pêche au gros, la croisière. De nombreux Antillais ont pris l'habitude de sortir le soir dans les lieux animés, d'aller en famille ou entre amis passer la soirée dans un restaurant du Gosier, de Sainte-Anne, de Saint-François. Leurs pratiques de loisirs ont évolué : les Antillais fréquentent de plus en plus les plages, les restaurants, les bars des grands hôtels... Ils font de la planche à voile, de la plongée sous-marine, du tennis. Certains passent des week-ends ou des vacances dans des grands hôtels ou dans les résidences secondaires.

La bourgeoisie locale est de plus en plus "utilisatrice" du tourisme. En 1987, les grands hôtels ont fait une large publicité dans le quotidien local en direction de la population résidente. Pour les fêtes de Pâques, par exemple, les "P.L.M." proposaient des séjours 2 ou 7 nuitées dans le nouvel hôtel "Los Santos" aux Saintes ; le "Golf Marine Club de Saint-François" offrait un séjour "Spécial Résidents Antilles-Guyane" et l'hôtel Salako organisait un "dîner avec soirée dansante et spécialités antillaises"

Les classes moyennes et populaires

Si les Guadeloupéens des classes sociales moyennes et modestes fréquentent peu les grands hôtels, la marina, les clubs de tennis, ils vont volontiers aujourd'hui sur les plages publiques. Ils se baignent, déjeunent en famille autour des grandes tables dressées à l'ombre des cocotiers. Les week-ends, ils sillonnent le Parc Naturel, pique-niquent dans les lieux aménagés à cet usage, se promènent. Ils sont devenus plus curieux, s'intéressent davantage à l'histoire de leur pays. Ils visitent le musée de Trois-Rivières, celui du Moule, cherchent à mieux connaître la faune et la flore de l'île. Le tourisme a ainsi contribué à valoriser leur patrimoine. Ils se mêlent de plus en plus aux touristes "étrangers". Ils manifestent parfois quelque irritation devant le comportement des touristes qui pratiquent le naturisme sur les plages.

D'une manière générale les loisirs des Guadeloupéens se sont diversifiés. Les cadres moyens, dans les années 1970, aimaient et pratiquaient beaucoup la chasse en forêt. Depuis cinq ans, ils s'orientent vers un loisir somme toute voisin : la pêche sous-marine, qui leur permet d'offrir à leurs invités, à leurs parents de Métropole, des plats de qualité, rares et chers. Lorsqu'ils accueillent leurs parents, frères, soeurs, vivant en Métropole, il leur font visiter la Guadeloupe, les invitent au restaurant. Parfois ils louent, par l'intermédiaire des petites annonces, un appartement, une maison en bord de mer pour y séjourner ensemble.

Depuis trois ou quatre ans les Antillais voyagent beaucoup. Ils vont en Métropole (dans la famille) et de plus en plus à l'étranger, notamment à Caracas, Antigue, la Barbade, la Martinique, la Floride qu'ils visitent en famille... En 1987, 22 charters, soit 3 000 places, ont été affrêtés depuis Pointe-à-Pitre ! La Fédération des Oeuvres Laïques, qui organise des séjours à l'étranger pour les adultes, les jeunes, les enfants, a une forte demande de la part des enseignants, des comités d'entreprises, des associations. Elle projette d'affrêter prochainement des charters vers l'Espagne, l'Allemagne, l'Angleterre... Depuis 1987, cette association réalise des séjours "Découverte de la Caraïbe", vers la Dominique et Antigue pour le 3ème âge.

Aujourd'hui les clubs du 3ème âge sont très dynamiques. Ils voyagent dans l'archipel, font des excursions d'une journée, des sorties en mer à bord des bateaux à fond de verre. Lorsqu'un club du 3ème âge fête son anniversaire il invite les clubs des autres communes et organise une manifestation : défilé en tenues traditionnelles, réception par le maire, banquet en commun. Les retraités se retrouvent de plus en plus seuls, coupés de leurs familles. Il s'organisent en conséquence.

Les jeunes, de leur côté, pratiquent aujourd'hui de nouvelles activités sportives. Ils fréquentent des clubs de sports nautiques : planche à voile, plongée sous-marine. C'est ainsi que l'Association "Guadeloupe Voile" regroupe de nombreux passionnés de ce sport à la marina de Rivière-Sens. L'Association "Jeunesse et Pleine Nature" de Rivière-Sens organise des "Journées découvertes" pour faire connaître à de nombreux jeunes la planche à voile et le dériveur. Ce club initie également les enfants des écoles à ces sports. Durant l'été 1987, il a accueilli plus d'une cinquantaine d'enfants qui ont reçu des cours gratuits de plongée sous-marine, de canoë-kayak et de voile. A Sainte-Anne un centre de voile reçoit régulièrement les enfants des écoles et assure une formation aux enseignants... De son côté, la Maison des Jeunes et de la Culture de la Désirade propose actuellement aux enfants de 12-15 ans des séjours itinérants en voiliers pendant les vacances (Petite-Terre, Marie-Galante, Les Saintes) agrémentés de diverses activités (plongée et pêche sous-marines, découverte du milieu) pour un coût relativement modeste susceptible d'être allégé par la Caisse d'Allocations Familiales. La Fédération des Oeuvres Laïques, les Francs et Franches Camarades, et d'autres associations proposent des séjours pour les jeunes vers le Canada, la Guyane, les îles de la Caraïbe.

La Direction Départementale de la Jeunesse et des Sports et des Loisirs organise chaque année des stages et des activités pour les jeunes pendant les vacances : randonnées, tennis, natation, activités culturelles, canoë-kayak. Dans le cadre des voyages scolaires de fin d'année, les enfants des écoles font des excursions en bateau vers les îlets voisins, ou une croisière vers Marie-Galante, la Désirade, la Dominique... Les centres de loisirs pour enfants proposent des activités nouvelles comme le tennis, l'équitation, la voile, le canoë-kayak. Ils amènent régulièrement les enfants dans le Parc Naturel où ils se baignent à la Cascade aux Ecrevisses. De très nombreuses colonies de vacances sont organisées dans les différentes communes de l'archipel ainsi qu'en Martinique et en Guyane. Certains proposent aux enfants de nouvelles activités comme la natation, la voile, la planche à voile, le cheval.

En 1987, les centres de vacances ont été tous complets : plus de 6 000 enfants ont effectué des séjours de plusieurs semaines dans l'archipel ou dans les îles voisines ! Ainsi aujourd'hui les enfants de toutes catégories sociales pratiquent des activités de loisirs autrefois réservés aux touristes et à la bourgeoisie locale. Leur diffusion dans la jeunesse guadeloupéenne modifiera vraisemblablement les rapports de la population au phénomène touristique.

L'ouverture des équipements touristiques à la population résidente se généralise : les expositions de peinture organisées dans les grands hôtels sont annoncées et présentées dans le quotidien local, des organismes professionnels ou des associations utilisent de plus en plus ces établissements pour certaines manifestations ; ainsi, en 1987, les coiffeurs guadeloupéens ont organisé une "nuit de la coiffure" dans un grand hôtel du Gosier. Le casino du Gosier a présenté pour les fêtes de fin d'année un spectacle "Soirée Parisienne" à destination des touristes et du public guadeloupéen. Les équipements touristiques, longtemps considérés comme réservés aux seuls "touristes étrangers" et à l'élite locale, sont en quelque sorte appropriés par la population de l'île : ces lieux se sont banalisés, sont devenus plus familiers aux habitants. Des relations nouvelles tendent à s'établir entre les différents groupes humains de l'île à travers l'élargissement de certaines pratiques de loisirs introduites par le tourisme. Les habitants de l'île, de toutes origines, se rencontrent au Parc Naturel, sur les plages, à la Soufrière, dans les restaurants, dans les Clubs sportifs.

Néanmoins, malgré cette évolution générale, les modes de participation restent différenciés selon les classes sociales. L'élite locale fréquente les grands hôtels, les ports de plaisance, les clubs de tennis, tandis que les classes populaires n'ont pas les moyens d'accéder à ces loisirs coûteux. Le développement des loisirs de consommation a renforcé, d'une certaine manière, les distances entre les classes sociales. Ce sont aussi les membres de l'élite locale qui ont retiré du tourisme les bénéfices économiques les plus importants et qui y ont trouvé la consolidation de leur position sociale.

LES NON BÉNÉFICIAIRES DU TOURISME

Des Guadeloupéens ne profitent pas aujourd'hui du tourisme : ils n'en tirent aucune ressource, n'utilisent pas les installations touristiques. Parmi eux, certains sont confrontés au phénomène touristique tandis que d'autres sont restés totalement à l'écart.

Les spectateurs du tourisme

Les habitants des communes touristiques, ceux qui vivent à Saint-François, Sainte-Anne, Le Gosier, Saint-Martin, Saint-Barthélémy, Terre-de-Haut, sont les principaux témoins. Ils ont assisté aux chantiers de construction, ils ont vu de nouvelles routes se créer, des hôtels surgir, les commerces se multiplier, des paysages familiers disparaître. Les Gosiériens avaient coutume de se promener, le dimanche après-midi, avant l'installation des complexes touristiques, à la Pointe de la Verdure : certains ont combattu les constructions d'hôtels. Cette hostilité a pris une forme organisée au Gosier mais aussi à Sainte-Anne. Au Gosier, des syndicats de protection de l'environnement se sont formés ; à Sainte-Anne, la population s'est opposée à la construction d'un grand hôtel dans le secteur de Bois-Jolan, a soutenu les paysans qui utilisaient ces terres pour la culture de la canne à sucre et l'élevage, ainsi que les quelques familles menacées d'être délogées. Cette opposition a conduit à l'abandon des projets touristiques. La construction des complexes touristiques sur la zone des "cinquante pas géométriques" a été perçue comme une spoliation des terres et comme une injustice. Ces terrains, d'une largeur de 81,20 mètres à partir du rivage, faisaient partie depuis l'époque coloniale du domaine public, et servaient aux communications, à l'aide aux navires en détresse, à la défense des côtes. Ils étaient inaliénables. Toutefois des autorisations spéciales à titre révocables pouvaient être accordées. Depuis 1975 un décret a incorporé cette zone au domaine public pour favoriser son exploitation par des activités industrielles et commerciales dont les finalités étaient nécessairement d'utilité publique. Les "cinquante pas géométriques" étaient utilisés par les pêcheurs. Des habitants y avaient installé leurs cases en bois, des promeneurs y venaient de temps en temps et pour les fêtes traditionnelles. Aussi les constructions des équipements touristiques ont soulevé à plusieurs reprises des protestations. Ces formes de rejet se sont surtout manifestées dans les années soixante dix et de façon ponctuelle. Aujourd'hui les gens se sont accoutumés à ces nouveaux paysages. Néanmoins certains continuent à dire :

> «Nous n'apprécions guère ces constructions de prestige destinées à une clientèle méprisante. Nous acceptons mal ces grosses bâtisses mal intégrées aux sites et à l'architecture locale».

Ils sont choqués par les tenues outrancières de certains touristes, par la pratique du naturisme et par certaines attitudes des touristes qui les photographient subrepticement : ils se cachent ou s'insurgent. Ils accusent aussi le tourisme d'avoir provoqué une augmentation des prix et des loyers. Ils critiquent les choix des responsables qui ont préféré investir dans cette activité plutôt que dans l'agriculture, l'industrie ou le logement. Cette opposition au tourisme est en fait ambiguë car elle est bien souvent l'occasion d'exprimer un refus plus large, plus profond : le tourisme n'est en fait qu'un prétexte. Cette hostilité se manifeste en particulier chez les jeunes des quartiers défavorisés de Pointe-à-Pitre. Ils sont déçus :

> «Ces vacanciers ne s'intéressent pas vraiment au pays, ils viennent surtout pour le soleil et les plages».

Pourtant, si certains manifestent une résistance au tourisme, beaucoup sont indifférents. La plupart des habitants des communes touristiques se sont habitués à la présence des touristes qui désormais font partie de leur cadre de vie. D'ailleurs ils donnent spontanément des renseignements aux visiteurs, leur indiquent les "bons restaurants" du pays, échangent quelques mots. Ils reconnaissent que cette activité fait vivre beaucoup d'habitants de l'île.

Dans les îles du Nord, exiguës, isolées, où le tourisme exerce aujourd'hui une forte pression, les habitants se sentent plus menacés, plus agressés par les bouleversements récents et manifestent une certaine inquiétude pour l'avenir.

A Saint-Barthélémy, les jeunes affirment leur satisfaction devant les changements. Ils ont l'impression que l'île "bouge", qu'elle est sortie d'un long assoupissement. Leurs aînés, par contre, expriment plus de réserve devant cette agitation soudaine. Ils regrettent la tranquillité d'antan, où personne ne fermait ses portes, où tout le monde se connaissait. Les loisirs des Saint-Barths sont traditionnellement tournés vers la mer, la pêche principalement, les sorties familiales en bateau vers les îlets voisins, et, de plus en plus, les sports nautiques. Face à l'envahissement touristique (il y a seulement 3 300 autochtones, et de plus en plus d'étrangers : un millier de résidents d'origine métropolitaine ou étrangère auxquels s'ajoutent des milliers de touristes) comme pour préserver leur identité, les jeunes s'investissent dans des activités nouvelles. Ils ont créé, en 1985, une radio locale (25 bénévoles), une association théâtrale et culturelle qui joue d'anciennes pièces de pantomime. Ils cherchent à donner à la fête patronale un nouveau dynamisme. Ils ont jumelé Gustavia avec une ville suédoise pour renouer avec l'histoire de l'île. Leur action s'ouvre aussi à la Métropole : ils projettent d'accueillir des troupes théâtrales et des groupes musicaux dans un futur centre culturel.

Les Saint-Martinois se sentent littéralement envahis par le flot des touristes, comme l'exprime l'un d'entre eux :

«Je suis Français et Hollandais, ma mère est blanche, mon père est noir Saint-Martinois. Bientôt Saint-Martin n'existera plus ! Ici, il n'y a plus que des étrangers. On parle partout l'américain, les gens ne savent plus le français. Ces dernières années, notre île a été envahie par les Américains, les étrangers... Certains arrivent ici en bateau et ne repartent plus, ils habitent sur leurs voiliers, travaillent à terre. Le week-end, ils font des sorties sur les îles voisines. Beaucoup se droguent... Les Saint-Martinois deviennent racistes, il y a trop d'étrangers, l'île ne nous appartient plus. Pourtant Saint-Martin a une tradition d'accueil et c'est d'ailleurs pour cela que les gens sont venus ! Aujourd'hui c'est trop, où va-t-on aller ?»

Il veut alors faire connaître le vrai Saint-Martin, les quartiers populaires habités par les Saint-Martinois, où les gens sont, selon ses dires, solidaires, accueillants, à l'inverse de Marigot.

Les populations non concernées par le tourisme

Le tourisme ne touche directement que quelques régions de l'île. Les vacanciers ne fréquentent que certains lieux. Les secteurs de l'intérieur de la Grande-Terre, de la Basse-Terre, de la Désirade, de Marie-Galante, ont été peu marqués par ce phénomène. Ici la vie n'a guère changé. Les habitants sont généralement accueillants lorsqu'ils rencontrent un "étranger". La remarque d'un ancien coupeur de canne illustre bien leur point de vue :

> «Le tourisme a ouvert l'île au monde extérieur. C'est une bonne chose pour les Guadeloupéens. Autrefois on vivait repliés, aujourd'hui on voit des gens nouveaux».

Les résultats de l'enquête menée par l'Office du Tourisme révèle des nuances selon les catégories sociales et les secteurs géographiques : 50 % des gens qui ne travaillent pas dans cette activité pensent que le tourisme a amené des changements dans les mentalités et l'environnement ; parmi eux, plus de la moitié estiment qu'il a été source d'amélioration. Ce sont les catégories sociales élevées et moyennes ainsi que les étudiants qui se sentent les plus concernés, alors que les agriculteurs, les pêcheurs et les ouvriers manifestent plus d'indifférence. Il faut noter que les habitants du Lamentin et de Petit-Bourg affichent une certaine hostilité, tandis que les habitants de Vieux-Fort, de Basse-Terre, de Port-Louis souhaitent que le tourisme se développe chez eux. La grande majorité des habitants pensent que les touristes sont en général bien accueillis. Beaucoup de Guadeloupéens sont sensibles au fait que les touristes ne soient intéressés que par le soleil et la mer. Ils disent qu'ils ne sont pas suffisamment informés sur les autres richesses du pays. Manifestement, ils souhaiteraient que le tourisme soit mieux intégré dans la vie quotidienne.

Le tourisme a marginalisé certaines populations qui n'en ont tiré aucun profit : les niveaux de vie, les modes de vie, les pratiques de loisirs des populations modestes des communes étrangères au tourisme n'ont guère évolué. Le contraste avec les autres populations et les autres communes est frappant.

Malgré les différences importantes que nous avons pu observer entre les groupes sociaux et les régions géographiques, on peut dire que, d'une manière générale, le tourisme a eu des effets sur les genres de vie. Comme le disait un Guadeloupéen :

> «Autrefois les loisirs des Pointois étaient simples. Par exemple, ils allaient se promener à Bas-du-Fort. Aujourd'hui leurs loisirs sont des activités : du tennis, de la planche à voile. Autrefois les gens ne voyaient pas la Guadeloupe. Aujourd'hui ils découvrent le pays, le visitent».

L'habitat traditionnel est aujourd'hui valorisé. Les architectes locaux ont joué un rôle essentiel dans ce domaine. Les constructeurs guadeloupéens proposent des maisons qui s'inspirent très nettement de la case créole, ce qui valorise le patrimoine local. La protection de la nature et des sites est devenue une préoccupation essentielle : un "Syndicat Intercommunal des Sites et des Plages" a été créé dès 1968 et regroupe actuellement 24 communes qui souhaitent lutter contre la dégradation des plages. Le développement du tourisme a sensibilisé les acteurs locaux, les assemblées et les élus municipaux à ces problèmes d'environnement, ils se sont mobilisés pour lutter contre les ordures ménagères sauvages, les chiens errants. Tout le monde reconnaît la nécessité d'une politique de l'environnement. Une conférence sur le thème "la

Guadeloupe et son patrimoine naturel" a réuni en mai 1988 de nombreux spécialistes et responsables locaux. L'Agence Guadeloupéenne de l'Environnement du Tourisme et des loisirs s'emploie actuellement à sensibiliser la population sur ce sujet. On assiste à une véritable reconnaissance de la spécificité culturelle à travers la musique, le théâtre, la littérature, la langue créole... Voilà une dimension que le tourisme doit reconnaître... pour être reconnu.

L'on peut cependant se demander si le tourisme n'a pas eu d'effets pervers sur la société guadeloupéenne, comme certains auteurs ont pu le démontrer pour certains pays, (notamment Tunisie et Sénégal) ou en Asie ? Les faits divers relatent des incidents ou des violences vis-à-vis des touristes. Sur une année nous avons relevé dans le quotidien local *France-Antilles* les agressions suivantes : un drame à Saint-François où un rodeur qui cherchait à s'introduire dans une résidence touristique pour voler de l'argent a tué un vacancier. Des touristes se sont plaints d'avoir été volés sur les plages, sur les lieux d'excursion. Les vols semblent s'être multipliés ces dernières années. On a enregistré une condamnation contre un Dominicain pris en flagrant délit "de vol à l'arrachée" à la marina de Saint-François. A Saint-Martin, les habitants disent qu'ils ne fréquentent plus, le soir, les abords de certaines plages, peu sûrs. Des bruits courent sur la présence de trafiquants de drogue, d'agressions... La prostitution devant les grands hôtels s'est développée ; mais les Antillais disent qu'il s'agit d'étrangères : Haïtiennes, Dominicaines... De fait, en 1987, à Saint-François, la gendarmerie a interpellé une quinzaine de prostituées originaires de Saint-Domingue et de Haïti. Certains Antillais "courtisent" des étrangères dans les bars des grands hôtels et au cours des animations nocturnes. Des touristes se sont plaintes d'avoir été violées ou agressées. Deux touristes américaines ont été violées sur une plage de la Grande-Terre en 1988. On voit aussi, parfois, et ceci est nouveau, des gens réclamer de l'argent lorsqu'un touriste les photographie. Mais le tourisme est-il la seule cause d'une certaine dégradation des moeurs, qui selon les Guadeloupéens, serait surtout le fait d'étrangers, particulièrement les Dominicains et les Haïtiens ?

Par ailleurs le tourisme a eu comme effet, très positif, de stimuler la création artistique et artisanale. Depuis quelques années des peintres, des artisans exposent en Guadeloupe. Dans les années soixante dix, les touristes ne pouvaient acheter que des peintures... haïtiennes. Aujourd'hui, la production locale prend le relais. Une jeune femme antillaise d'origine indienne, Marie-Josée Mauranyapin, a réalisé en juillet 1987 une exposition de peintures sur soie dont le thème d'inspiration était la découverte de l'Inde. Elle reproduit des miniatures mogholes des XIIIe et XVIe siècles. L'originalité de cette exposition est d'y avoir associé le poète guadeloupéen Joselym Coesy. Le peintre guadeloupéen Claude Melli connaît une certaine notoriété. Son oeuvre, composée principalement de lithographies, traite de scènes traditionnelles, des paysages de la Guadeloupe, de personnages, de l'histoire de l'esclavage..., dans un genre nouveau mêlant l'impressionnisme, la peinture naïve et le figuratif.

CONCLUSION

Le tourisme, malgré les phénomènes de dépendance qu'il peut engendrer, s'est imposé comme une activité économique importante qui a créé des milliers d'emplois. Si, dans les années soixante, les grands projets dont les Guadeloupéens n'ont pas eu l'initiative ont suscité l'indifférence, voire le scepticisme (sans doute parce qu'il s'agissait d'un tourisme périphérique) progressivement les habitants ont mesuré les enjeux de cette nouvelle activité, les intérêts qu'elle représentait et les revenus qu'ils pouvaient en retirer. Ils se sont alors mobilisés, organisés car "le tourisme devrait être avant tout l'affaire des Guadeloupéens", comme le proclamait il y a une dizaine d'années l'une des personnalités de la petite hôtellerie. Le développement du tourisme s'est accompagné de l'essor d'une catégorie "d'entrepreneurs" qui s'y sont largement investis, réussissant leur ascension sociale par ce moyen. Certes tous les habitants n'ont pas bénéficié du tourisme. Malgré la diversification des implantations hôtelières constatées ces dernières années, les retombées sont restées limitées géographiquement et socialement. Ce sont surtout les habitants de certaines communes de la Grande-Terre, de l'agglomération pointoise et les îles du Nord qui en ont le plus profité. Du point de vue économique et social ce sont les professionnels, les investisseurs et les salariés des activités touristiques qui en ont retiré le plus de ressources puisqu'ils en vivent. D'autres y ont trouvé des revenus complémentaires. D'autres, enfin, sont restés à l'écart.

L'une des originalités est que le tourisme est devenu en Guadeloupe un élément de la civilisation de loisirs des habitants, apportant des changements notoires dans leurs modes de vie et leurs distractions. La bourgeoisie a profité très rapidement de ces nouveaux équipements, suivie par les habitants des catégories moyennes. Les réalisations à caractère social ont ouvert l'accès du tourisme aux familles modestes. Les modes de participation à ces loisirs restent donc différenciés. Néanmoins on constate une généralisation des nouvelles pratiques dans la jeunesse de l'île. Parallèlement le tourisme a accentué la marginalisation de certaines populations, isolées ou défavorisées, qui se sont retrouvées encore plus exclues.

L'essor du tourisme a été facteur d'ouverture vers le monde extérieur pour ce petit archipel cloisonné, relié aujourd'hui à plusieurs capitales mondiales par de nombreux vols quotidiens, et devenu ainsi une terre de rencontres. Ces îliens ont découvert des gens venus d'autres horizons même si les contacts avec les touristes sont perçus comme superficiels et peu satisfaisants. Malgré tout, les conséquences fâcheuses (souvent constatées dans les îles tropicales où les effets de "démonstration et d'acculturation" liées au processus d'imitation des comportements des touristes ont été à maintes reprises dénoncées) ne se sont pas manifestées ici de façon significative. Grâce à leur niveau de vie, la plupart des Guadeloupéens participent aux activités sportives et aux distractions proposées aux vacanciers dont ils se sentent, dans une certaine mesure, proches. Cette réalité est loin d'être celle de beaucoup d'îles tropicales...

Progressivement les Guadeloupéens ont cherché à s'approprier le phénomène touristique avec une nette accélération ces dernières années, tant économiquement que culturellement. Dans l'avenir, ils devront confirmer cette tendance susceptible d'éviter les conflits et les tensions dans la société. Il n'y a pas de paradoxe à soutenir que le retard pris par la Guadeloupe par rapport aux destinations comparables telles que les Bahamas, les Iles Vierges, la Barbade, Hawaï, les Canaries... est sans doute une chance de réussite car dans cette île, loin d'être submergée par le tourisme, le développement pourra se faire en respectant l'environnement naturel et la spécificité culturelle, comme cela est déjà amorcé. Une meilleure intégration dans les paysages, dans l'économie et la société locales rencontre à la fois les désirs des populations résidentes et les nouvelles aspirations des touristes qui recherchent des destinations plus personnalisées et plus authentiques : c'est notamment le cas des Européens et des Métropolitains qui affluent de plus en plus nombreux avec la baisse des tarifs aériens.

La Guadeloupe doit assumer son passé et valoriser son patrimoine culturel. Le tourisme peut l'aider dans cette voie de la modernité. Sa réussite passe par la découverte, mais surtout par la reconnaissance des hommes et de leur univers.

BIBLIOGRAPHIE

I- Ouvrages et articles généraux

AISNER, P. PLUSS, C. *La Ruée vers le soleil, le tourisme à destination du Tiers-Monde.* Paris : l'Harmattan, 1983, 285 p.

ASCHER, F. *Tourisme sociétés transnationales et identités culturelles.* Paris : UNESCO, 1984. 106 p.

BELLEMARE, J.-R. *Economie touristique française dans les Caraïbes.* Paris, Université de Droit et d'Economie sociale de Paris 2e, 1985. 401 p., fig., tabl., bibliogr.

Thèse 3e cycle : Sces éco. : Paris : 1985.

BOUTILLER, COPPAN, J. LALLEMAND, S. *Le tourisme en Afrique de l'Ouest : panacée ou nouvelle traite ?* Paris : Maspéro, 1978, 140 p.

CAZES, G. Le Tiers-Monde vu par les publicités touristiques : une image géographique mystifiante. *Cahiers du Tourisme*, 1976, n° 33, 57 p.

CAZES, G. *Le tourisme international dans le Tiers-Monde : la problématique géographique.* 1983, 1346 f. dactyl.

Thèse : Géographie : Bordeaux : 1983.

CRUSOL, J. *Economies insulaires de la Caraïbe.* Paris : Editions Caribéennes, 1980, 341 p.

EDOUARD, B. BOUCKSON, G. *Les Antilles en question. Assimilation et conflits de culture dans les DOM.* Fort-de-France : 1975, 275 p.

GLISSANT, E. *Le discours antillais.* Paris : Le Seuil, 1981, 467 p.

HEYTENS, J. Les effets du tourisme dans les pays en voie de développement : implications économiques, financières et sociales. *Cahiers du Tourisme*, 1974, n° 26, 25 p.

JACQUEMART, S. *La question départementale outre-mer.* Paris : P.U.F., 1983, 254 p.

Collection GRAL, Etudes et Recherches Juridiques, n° 14.

KADT, E. *Tourisme, passeport pour le développement ?* Paris : Economica-Unesco-Banque Mondiale, 1975, 345 p.LANFANT, M.-F. Le tourisme dans le processus d'internationalisation. *Revue Internationale des Sciences Sociales.* 1980, vol. XXXII, p. 14-16.

LANQUAR, R. *Le tourisme international.* Paris : P.U.F., 1977, 126 p.

Collection Que Sais-je ?

MBAYEDIENG, J. BUGNICOURT, J. *Touristes-rois en Afrique.* Paris : Karthala, 1982, 130 p.

PASTEL, H. *La question du tourisme en Martinique.* Fort-de-France : Désormaux, 1986, 419 p.

PY, P. Le tourisme un phénomène économique. *Notes et Etudes Documentaires*, 1986, n° 4811, 144 p.

SANSOT, P. *Les formes sensibles de la vie sociale.* Paris : P.U.F., 1986, 215 p.

Collection La Politique Eclatée.

SERVIABLE, M. *Le tourisme aux Mascareignes-Seychelles.* Saint-Denis : Université de la Réunion, 1983, 182 p.

THUROT, J.-M. Les effets du tourisme sur les valeurs socio-culturelles. *Cahiers du Tourisme*, 1976, n° 34, 53 p.

VERGNIOL, G. L'influence économique du tourisme international dans les pays en voie de développement : l'exemple de la Côte d'Ivoire. *Cahiers du Tourisme*, 1975, n° 22, 34 p.

II- OUVRAGES ET ARTICLES SUR LA GUADELOUPE

ASSOCIATION CARAIBE POUR L'ENVIRONNEMENT ET LE CADRE DE VIE. *13e Assemblée générale annuelle.* Basse-Terre : Parc Naturel de la Guadeloupe, 1979, 27 p.

ASSOCIATION POUR LES ETUDES D'URBANISME ET D'AMENAGEMENT DE LA GUADELOUPE. *Devenir touristique des Saintes.* Basse-Terre : A.U.A.G., 1978, 25 p.

ASSOCIATION POUR LES ETUDES D'URBANISME ET D'AMENAGEMENT DE LA GUADELOUPE. Devenir touristique de l'île de Saint-Barthélémy. Basse-Terre : A.U.A.G., 1978, 122 p.

BAPTISTIDE, J.-C. *Tourisme et développement de la Guadeloupe.* Rouen : Faculté de Lettres et Sciences Humaines, 1979, 361 p.

Thèse 3e cycle : Géographie : Rouen : 1979.

Karukera, île aux belles eaux. Le tourisme en Guadeloupe pour quel développement ? *Eglise de Guadeloupe*, 1980, 56 p.

FLEURY, M.-F. *Le tourisme en Guadeloupe.* Bordeaux : Université de Bordeaux III, UER de Géographie, 1976, 108 p.

T.E.R. : Géographie : Bordeaux : 1976.

FRANCE. Commissariat Général du Plan d'Equipement et de la Productivité.*Ve Plan. DOM. 1965-1970.* Paris : La Documentation Française, 1966, 667 p.

FRANCE. Commissariat Général du Plan d'Equipement et de la Productivité. *Rapports des commissions du VIe Plan. 1971-1975. Départements d'Outre-Mer..* Paris : La Documentation Française, 1972, 508 p.

FRANCE. Commissariat Général du Plan d'Equipement et de la Productivité. *Rapport général. Approche du VIIe Plan des DOM.* Paris. Commissariat Général du Plan, 1974, 69 p.

GUADELOUPE. Direction départementale de l'équipement *Tourisme. Clientèle touristique. Saison 1975-1976. Structure, comportement, satisfaction, insatisfaction.* Basse-Terre : D.D.E., 1977, 30 p.

GUADELOUPE. Préfecture. *Le tourisme en Guadeloupe durant les deux dernières années 1976-1977.* Basse-Terre : Préfecture de la Guadeloupe, 1978, 85 p.

GUADELOUPE. Préfecture. *Etude des retombées économiques du tourisme en Guadeloupe.* Basse-Terre : Préfecture de la Guadeloupe, 1976, 63 p.

GUADELOUPE. Préfecture. *Rapport de synthèse de la table ronde sur le tourisme.* Basse-Terre : Préfecture de la Guadeloupe, 1984, 17 p.

GUADELOUPE. (Région). *Contrat de Plan Etat-Région. Guadeloupe. 1984-1988.* Basse-Terre : Région Guadeloupe, 1984, 70 p.

LASSERRE, G. *La Guadeloupe.* Bordeaux : U.F.I., 1961, 2 vol., 448 + 687 p.

Thèse : Géographie : Bordeaux : 1961.

MONNIER, Y. *L'immuable et le changeant. Etude de la partie française de Saint-Martin*. Talence : CEGET-CRET, 1983, 125 p.

Collection Iles et Archipels, n° 1.

III- LISTE DES PÉRIODIQUES CONSULTÉS

A. En Métropole

— *Bulletin d'Information du CENADDOM* et plus particulièrement les numéros 70 (Dossier Tourisme, 1983, 156 p.,) et 73 (Dossier Vie culturelle, 1984, 138 p.,).

— *Les Dossiers de l'Outre-Mer* (Dossier Femmes des DOM, n° 82, 1986, 127 p.).

— *Le Courrier des A.C.P.* (Le Tourisme dans les A.C.P., n° 38, 1976).

— *Le Courrier de l'UNESCO.* (Le Tourisme une rencontre manquée, 1981).

— *L'Echo touristique.* (Les Guadeloupéens en mal de touristes, n° 35, 1980).

— *Libération* et plus particulièrement les numéros datés du 28 octobre 1985 et du 17 février 1987.

— *Le Monde* et plus particulièrement les numéros datés du 25 décembre 1980, 13 septembre 1983, 13 septembre 1984, 5 décembre 1985, 19 juillet 1986 et 4-5 juillet 1987.

— *Le Monde diplomatique* et notamment les numéros d'août 1980 et d'août 1985.

— *Textes et Documents* (Tourisme international et Développement économique, n° 229, 1979).

— *Revue Internationale des Sciences Sociales.* (L'anatomie du tourisme, n° 1 volume XXXII, 1980).

B. En Guadeloupe

— *Guadeloupe économique* et plus particulièrement les numéros 76 (mai-juin 1978) et 85 (1979).

— *L'Etincelle* .

— *France-Antilles* .

— *La Revue guadeloupéenne.*

IV- DOCUMENTATION CARTOGRAPHIQUE ET PHOTOGRAPHIQUE

— *Atlas des Départements d'Outre-Mer. Guadeloupe.* Talence : Centre d'Etudes de Géographie Tropicale, 1982, 36 planches.

— Couverture topographique de la Guadeloupe : cartes I.G.N. 1/20 000, 1956.

— Carte touristique de la Guadeloupe au 1/100 000, n° 510, 1982 (I.G.N.).

— Photographies aériennes I.G.N. 1/20 000, 1984, n° 369, 371, 346, 348.

LISTE DES ILLUSTRATIONS PHOTOGRAPHIQUES

PLANCHE 1 13
- L'attrait de la Soufrière au début du siècle
- Hôtel Dolé-les-Bains

PLANCHE 2 17
- Les Bains-Jaunes
- Type d'hébergement dans les années 50 : une "Pergolette"

PLANCHE 3 47
- Plage aménagée au Gosier
- La Riviera au Gosier

PLANCHE 4 51
- Résidence de tourisme inspirée de l'architecture locale
- Case traditionnelle

PLANCHE 5 57
- Restaurant aménagé dans une case
- Marigot : l'impact du tourisme dans le centre

PLANCHE 6 63
- La Marina au Gosier
- Gustavia et sa baie

PLANCHE 7 105
- Les Guadeloupéens s'impliquent dans le tourisme
- Les Guadeloupéens investissent dans des résidences de loisirs

PLANCHE 8 141
- Le marché traditionnel profite du tourisme
- Exposition artisanale devant la case d'une Saint-Barth

PLANCHE 9 143
- Le carnaval place de la Victoire (Pointe-à-Pitre)
- Pique-nique dominical sur la plage de Port-Louis

LISTE DES FIGURES

FIGURE 1
La Guadeloupe dans la Caraïbe 9

FIGURE 2
Le dispositif d'accueil touristique en Guadeloupe (encartée) 36-37

FIGURE 3
Le taux de fonction hôtelière de la Guadeloupe 44

FIGURE 4
L'évolution du parc hôtelier 45

FIGURE 5
Répartition des passagers selon les réseaux aériens de l'aéroport
du Raizet (1987) 61

FIGURE 6
Les constructions touristiques à Saint-Martin 66

FIGURE 7
Les constructions touristiques à Saint-François 67

FIGURE 8
Les constructions touristiques au Gosier 68

FIGURE 9
Evolution du nombre de touristes de croisière en escale au port
de Pointe-à-Pitre 72

FIGURE 10
Rythme annuel de la fréquentation hôtelière 80

FIGURE 11
Durée moyenne des séjours hôteliers 81

FIGURE 12
Répartition de la clientèle hôtelière selon les origines géographiques
en 1985 83

FIGURE 13
Variation mensuelle de la clientèle américaine 84

FIGURE 14
Variation mensuelle de la clientèle française 87

LISTE DES TABLEAUX

TABLEAU 1
Evolution du parc hôtelier de la Guadeloupe 35

TABLEAU 2
Le parc hôtelier de la Guadeloupe en 1987 38

TABLEAU 3
Le taux de fonction hôtelière des principales stations en 1988 45

TABLEAU 4
Evolution de la fréquentation hôtelière et origine géographique de la clientèle 79

TABLE DES MATIERES

Avant-propos 5
Introduction 7

LES PROMOTEURS DU DÉVELOPPEMENT TOURISTIQUE 12
Des pionniers lancent le tourisme 12
Des montagnards découvrent la Guadeloupe 12
Des Guadeloupéens souhaitent le développement du tourisme dans la Caraïbe 15
Les politiques touristiques 19
Un tourisme de luxe 19
L'évolution des conceptions touristiques 19
La période 1956-1970 19
La période 1971-1976 20
La période 1977-1982 21
Les réalisations 24
Le contexte local et international 25
La planification touristique 27
Un tourisme diversifié 28

LE FAIT TOURISTIQUE EN GUADELOUPE 34
Les équipements touristiques 34
Les hébergements touristiques 35
L'hôtellerie : une composante essentielle 35
Les autres formes d'hébergement 48
Les activités et les équipements complémentaires 52
Les distractions et les équipements sportifs liés au tourisme 52
Les équipements valorisant le patrimoine naturel et culturel 54
Les restaurants 56
Les commerces touristiques 56
Les services touristiques 59
Les transports et les équipements de desserte 60

LES TOURISTES EN GUADELOUPE 70
Les touristes de croisière et les plaisanciers 71
Les touristes de croisière 71
Les plaisanciers 75
Les touristes de séjour 77
La clientèle hôtelière 78
L'origine géographique de la clientèle hôtelière 83
Les autres touristes 88

LES ACTEURS DU TOURISME 91
Les partenaires locaux 91
Les institutions 91
Les syndicats d'initiative 92
L'Office Départemental du Tourisme de Guadeloupe 92
Le Comité Régional du Tourisme 93
L'Agence Guadeloupéenne de l'Environnement, du Tourisme et des Loisirs 93
Les Chambres consulaires 93
Les investisseurs 96
Les agents de voyages et les loueurs de voitures 96
Les autres branches 99
Les intervenants d'origine extérieure 110
Les compagnies aériennes 110
Les chaînes hôtelières et les clubs de vacances 113

LES LEADERS D'OPINION 118
Les courants politiques 118
Les partis politiques 118
Les élus locaux 121
Les municipalités des localités touristiques 121
Les municipalités des localités peu touristiques 123
Les autres mouvements d'opinion 125
Les syndicats de salariés 125
Le milieu associatif 125
L'Eglise 126
L'intelligentsia guadeloupéenne 127

LES POPULATIONS GUADELOUPÉENNES FACE AU TOURISME 128
Les bénéficiaires des ressources économiques du tourisme 129
Les salariés des secteurs touristiques 129
Les salariés de la grande hôtellerie 129
Les salariés des autres secteurs touristiques 139
Les Guadeloupéens qui retirent des gains du tourisme 140
Les bénéficiaires des pratiques de loisirs 142
Les loisirs traditionnels 142
Les nouveaux loisirs 145
Les métropolitains installés dans l'île 145
La bourgeoisie autochtone 145
Les classes moyennes et populaires 146
Les non bénéficiaires du tourisme 148
Les spectateurs du tourisme 148
Les populations non concernées par le tourisme 150

CONCLUSION 153
Bibliographie 155
Liste des illustrations photographiques 160
Liste des figures 161
Liste des tableaux 163

ACHEVÉ D'IMPRIMER LE 31 MAI 1989 SUR LES PRESSES DE

LA NEF
IMPRIMEUR CONSEIL
22, RUE DU PEUGUE
33000 BORDEAUX

N° IMP. 6144